Grand-mère débutante

Caroline Cotinaud

ISBN 978-2-7540-6555-9
Dépôt légal : août 2014
Imprimé en France par Pollina - L69207
Édition : Audrey Bernard
Mise en page intérieure : NPEG.FR
Couverture : Bérengère Renault
Illustrations : Nathalie Jomard

Éditions First, un département d'Édi8
12, avenue d'Italie
75 013 Paris – France
Tél. : 01 44 16 09 00
Fax : 01 44 16 09 01
E-mail : firstinfo@efirst.com
Site internet : www.editionsfirst.fr

Caroline Cotinaud est une grand-mère résolument ancrée dans la modernité. Elle est déjà l'auteur du best-seller *Grands-parents débutants*, dans la collection « Ma P'tite famille ! », aux éditions First.

Remerciements

De chaleureux remerciements aux mamies qui m'ont apporté leur expérience : Annie dite Mamie Flash ; Monique dite Mimi Rose ; Marie-Hélène dite Manoune ; Françoise dite Gri-Gritte ; Inès dite Mamie Framboise ; Caroline dite Mamie Cœur ; Sophie dite Mimi-douce.
Merci également aux experts qui m'ont informée : Florence Arnold-Richez, journaliste au magazine Parents *; Yvonne Poncet-Bonissol, psychologue spécialiste de la famille, intervenante régulière sur France 2 ; Jeremy, papa, vendeur à* La Grande Récré.
Merci enfin à tous les Piou-Piou qui m'ont inspirée : Max, mon petit-fils ; Chayane ; Calypso ; Gabriel, le roi du pétrole ; Lillian ; Evita ; Sacha ; Clara ; Arman ; Julie ; Blanche-Fleur ; Rose.

Sommaire

Introduction

C'EST ENFIN À VOTRE TOUR !

Vous voilà soudain inondée d'une pluie d'étoiles roses ou bleues. Ruisselante d'amour, elle pénètre en vous pour y répandre sa douce chaleur jusqu'à votre cœur. Il faut dire que vous espériez cette pluie depuis un certain temps, car dans la vie si bien structurée d'une femme arrive un jour où elle rêve de devenir grand-mère parce que, comme dit l'autre, il y a un temps pour tout. Bien sûr, votre horloge biologique y est pour quelque chose, mais elle n'est pas seule en cause. Vos grands dadais de fils sont devenus des hommes, vos grandes sauterelles, des femmes, et plus personne n'a véritablement besoin de vous pour se nourrir, se vêtir, se guérir, sauf les jours où ça va vraiment très mal. Même si votre vie est trépidante, qu'un homme épatant partage vos jours et vos nuits et que vous êtes entourée et choyée par votre famille, il y a depuis quelque temps, vous le sentez bien, un manque, pour ne pas dire un vide que seul un petit bébé à pouponner saurait combler. Vos amies commencent à vous claironner dans les oreilles que leur rôle de grands-mères est merveilleux, extraordinaire, que ça les rajeunit et que leur petit-fils ou leur petite-fille illumine leur vie. Ça commence sérieusement à vous agacer ! C'est vrai, qu'est-ce qu'ils fabriquent, vos enfants, à traîner ainsi pour procréer ?

Et puis, c'est enfin à votre tour et là, maintenant, tout de suite, vous vous apprêtez à plonger la tête la première dans cette nouvelle existence qui, telle que vous l'imaginez, ne sera que gazouillis et frémissements de bonheur. C'est vrai, être grand-mère, c'est ça aussi, mais pas seulement et la tâche n'est pas si évidente qu'elle en a l'air. Votre rôle sera essentiel auprès de l'enfant à venir, mais au XXIe siècle, bien des choses ont changé dans l'art d'être grand-mère et votre comportement devra impérativement en tenir compte. Les jeunes parents sont différents de ceux que vous avez été et la précocité des petits n'a pas fini de vous époustoufler. Et puis, l'éducation, les jeux, la sociabilisation ont eux aussi pris un sacré coup de jeune avec lequel vous allez devoir vous familiariser si vous ne voulez pas passer pour la vieille ronchonneuse de service ! Oh, pardon, vous n'êtes pas vieille, et comme la plupart des mamies d'aujourd'hui, vous avez une pêche d'enfer et c'est tant mieux, car avec votre futur petit trésor adoré, il va falloir crapahuter !

Ce livre – que vous allez dévorer, j'espère ! – devrait vous apporter non seulement les informations pratiques dont vous aurez absolument besoin, mais aussi ce qu'il est bon de savoir avant, pendant et pour toujours lorsque l'on désire plus que tout réussir son entrée dans la vie et le cœur d'un petit-enfant qui, en plus, est le premier !

Je vous souhaite bonne chance pour vos premiers pas de grands-mères débutantes, mais surtout énormément de bonheur !

acte
1

L'avant-Bébé, l'avant-Mamie

Ouverture

Hier encore vous marchiez dans la rue la tête libre et la jambe légère, sans projets particuliers si ce n'est organiser les prochaines vacances, repeindre la cuisine et choisir quoi faire à dîner ce soir. Mais ça, c'était hier et c'était avant d'être invitée à dîner chez les enfants, je veux dire par là votre fils ou votre fille, en couple depuis quelque temps…

SCÈNE 1
L'annonce faite à Mamie

Une invitation à dîner chez vos enfants un soir de semaine? Bizarre. D'autant que ça sent plus la réunion de famille que la dînette improvisée puisque les parents de votre belle-fille ou de votre beau-fils sont également conviés. Dès l'entrée vous avez flairé comme un délicieux air de fête et lorsqu'une omelette norvégienne et une bouteille de champagne sont arrivées sur la table vous n'aviez plus de doute. Paul et Amélie se sont levés ensemble, se sont pris par la main, ont réclamé le silence et, le regard pétillant de joie et de malice, ont annoncé qu'ils attendaient un bébé. Ainsi, pour la première fois de votre vie, vous alliez devenir grand-mère!

Aucune femme ne dira le contraire : c'est un choc! Un choc heureux à 90 %, mais il n'empêche que dans les 10 % restant, ça se bouscule au portillon... Grand-mère, moi? Déjà? À mon âge? Vous êtes sûrs? C'est pour quand? Ce n'est pas un peu précipité quand même?

Mais vous avez vite fait de remballer votre ego et avez explosé de bonheur, larmichettes à l'appui. Tout le monde a trinqué, s'est embrassé et l'on n'a plus parlé que de « ça », car, franchement, à part « ça », rien d'autre n'avait plus d'importance désormais. Jusqu'à tard dans la nuit, sous le coup de l'émotion, vos pensées n'ont cessé de s'entrechoquer et, au petit matin, si vous êtes totalement et immensément heureuse de devenir grand-mère, vous ne pouvez quand même pas vous empêcher de penser que cette perspective vous assène le sérieux coup de bambou tant redouté : le passage dans la tranche supérieure de votre vie. À l'aise dans votre statut de femme sans doute encore active, dynamique et fourmillant de projets, vous réalisez que votre vie et votre cœur vont soudainement basculer dans l'univers encore inconnu pour vous mais vieux comme le monde de la grand-mère débutante! Un monde peuplé de sourires, de quenottes, de gazouillis et de petits petons à croquer, mais aussi jalonné de nouvelles responsabilités et de préoccupations qui s'insèrent dans la vie d'une Mamie attentive à l'épanouissement de son petit-fils ou de sa petite-fille, autant dire de la cinquième merveille du monde !

➔ Les annonces surprise !

Si vos enfants, eux, ont pris la peine de vous inviter à dîner pour vous annoncer la grande nouvelle, sachez qu'ils auraient aussi pu vous envoyer un SMS ou un mail tel que :

« Coucou, on a un truc important à te dire, rappelle-nous ! »

Ou :

« Il faut te remettre au tricot, tu vas être grand-mère ! »

Ou :

« Plus que 7 mois à attendre et... surprise ! »

D'autres, encore plus facétieux, vous concocteront peut-être une devinette, un rébus, etc.

Les pires ne vous diront rien du tout jusqu'au 3e mois, après la première échographie, tandis que les meilleurs auront l'excellente idée de vous offrir ce livre pour vous mettre tout de suite dans l'ambiance. Nous leur laissons, page suivante, l'emplacement pour une jolie dédicace !

Page spéciale dédicace

SCÈNE 2
À quoi ressemble une grand-mère débutante ?

À vous, bien sûr, et à toutes ces femmes presque jeunes et encore en pleine forme ; ce sont vos amies, vos collègues, votre coiffeuse qui, un beau matin, comme vous, se réveillent ornées des lauriers roses ou bleus de future Mamie.

État de grâce pour la plupart, panique pour certaines, il convient de relativiser votre rôle et de ne pas lui donner une ampleur aussi disproportionnée que l'est votre joie. Être grand-mère aujourd'hui, c'est-à-dire au XXIe siècle, n'a strictement plus rien à voir avec ce que vous avez connu par le passé, ainsi que nous allons le voir ensemble. Si le souvenir de votre Mamie à vous coule encore dans votre esprit comme du miel à la vanille et que vous la revoyez avec son tablier à fleurs, sa mise en plis, et son inoubliable odeur de poudre de riz, rangez-moi tout ça dans votre disque dur et passez à autre chose. Les souvenirs que vous offrirez à votre petit-enfant seront bien différents, mais si vous vous y prenez bien, ils seront aussi intenses.

À vous de ne pas rater le coche, et surtout de ne pas vous figer dans votre propre passé, merveilleux certes, mais qui remonte à 30, 40 ou 50 ans. À moins d'avoir vécu en Terre Adélie pendant tout ce temps, il ne vous aura pas échappé que cette période de notre civilisation a été la plus dense du millénaire en révolutions sociétales, technologiques et scientifiques.

Donc, charmante Mamie débutante, à vous de jouer pour être celle qui, au-delà de son amour fou, saura apporter à cet enfant la joie de vivre, la disponibilité, l'écoute, la jeunesse d'esprit et la curiosité de tout ce qui pourra réjouir ce petit bout de chou dont la précocité va vous sidérer.

Et puis, sous prétexte de devenir grand-mère, n'allez pas vous mettre en tête que vous prenez un coup de vieux et qu'il va désormais falloir vous habiller « mémère », vous coiffer « mémère », penser « mémère », vivre « mémère ». C'est même tout le contraire, et si dignité il y a dans ce nouveau rôle, il n'est pas incompatible avec une allure sportive, de l'eye-liner et un it-bag !

Notes

acte
2

Un monde nouveau

Ouverture

Tout a changé, il va falloir vous y faire ! Vous voici au seuil de l'une des plus belles aventures de votre vie de femme, celle dont vous rêviez depuis que votre fils ou votre fille, sorti(e) de votre chrysalide protectrice, est parti(e) à la rencontre de l'Autre et d'une famille en devenir. Votre entrée dans cette nouvelle histoire va nécessiter de votre part la souplesse d'une acrobate pour jongler habilement entre vos acquis de petite-fille d'il y a longtemps et les réalités d'aujourd'hui. Mieux vaut donc vous préparer dès maintenant à cet exercice périlleux qui consiste à sauter deux générations grâce à l'échauffement du « avant/maintenant » proposé dans cet acte. Il devrait vous aider à mesurer les changements de vie, d'éducation et de jeux venus bouleverser le monde parental et enfantin dans lequel vous allez devoir trouver votre place sans passer pour une grand-mère arc-boutée sur les valeurs d'antan et hostile à une modernité qui, il faut quand même le dire, la dépasse un peu !

SCÈNE 1
Le changement dans les familles

AVANT

La notion de famille était sacrée et le taux des divorces en 1960 dépassait à peine 6 % des couples. Les familles décomposées étaient exceptionnelles et les enfants avaient toutes les chances de vivre au sein de leur foyer jusqu'à leur adolescence, voire au-delà.

L'enfant de parents divorcés se faisait plus rare qu'aujourd'hui, sa situation familiale particulière l'isolant toujours plus ou moins de la plupart de ses petits camarades d'école. Ne parlons même pas des familles monoparentales, dont l'opprobre frappait lourdement la « fille-mère » et sa famille tout entière.

MAINTENANT

Le taux de divorces est de 55 % et, aujourd'hui, c'est l'enfant de parents encore unis qui est regardé comme une rareté ! Décomposée, recomposée, monoparentale, gay, la notion de famille repose sur le libre choix et, disons-le, l'abolition des repères ancestraux. Un bien, un mal ? Un avenir proche le dira, pas nous.

SCÈNE 2
Les nouveaux grands-parents

AVANT

On les appelait « Pépé et Mémé », on les respectait, souvent même on les vénérait, car au-delà de la tendresse qu'ils prodiguaient, ils étaient l'emblème d'une famille. Ils commençaient leurs phrases par « de mon temps » et racontaient le passé, la guerre, les privations. Un sou était un sou et l'on ne gaspillait ni la nourriture ni les vêtements. Ils avaient de gros albums de photographies jaunies qu'ils feuilletaient sous le regard ébahi de leurs petits-enfants qui découvraient leurs aïeuls, jeunes et fringants, « déguisés » en militaires ou avec des chapeaux à plumes et des robes longues à volants. Les mémés cuisinaient des plats qui embaumaient la maison, les pépés allaient à la pêche, collectionnaient des timbres-poste, et le soir, ils lisaient les contes d'Andersen ou *Vingt mille lieues sous les mers* en attendant le passage du Marchand de sable. À Noël, il n'y avait qu'un seul cadeau sous le vrai sapin ; à Pâques, les cloches de Rome cachaient dans le jardin de véritables œufs décorés et la Petite Souris déposait une vraie pièce de monnaie sonnante et trébuchante sous l'oreiller, glissée dans la tirelire au petit matin. L'amour était toujours au rendez-vous, même s'ils étaient un peu sévères et qu'une fessée rougissait parfois les fesses des jeunes désobéissants. S'ils étaient encore un tout petit peu jeunes, ils avaient l'air un tout petit peu vieux et s'en flattaient car leur rôle de grands-parents s'en trouvait grandi au sein de la famille dont ils étaient la mémoire, la sagesse et l'expérience.

MAINTENANT

Les grands-parents travaillent, voyagent, font des fêtes avec leurs amis et ne sont pas toujours disponibles. S'ils sont encore l'emblème et la mémoire de la famille, ils n'aiment pas forcément être cantonnés à cet unique rôle.

Sauf en de rares villages au fin fond de nos campagnes, les mémés s'appellent mamies, mais de plus en plus « Mamie quelque chose » : Mamie Cœur, Mamie Framboise, Mamynouchette, Mamyta, etc. Elles préféreraient se faire couper la langue plutôt que de dire « de mon temps », et même si elles le pensent, n'avouent jamais que leur jeunesse leur semble plus belle que celle d'aujourd'hui. Les mamies font du jogging, dansent le tango argentin ou la zumba. Elles aussi avaient commencé des albums de photos, mais depuis le numérique, elles ont laissé tomber ! De temps en temps, les jours de fêtes, elles ressortent des recettes de cuisine d'un vieux bouquin et alors, la blanquette de veau, le quatre-quarts et les œufs à la neige recouverts de pralines embaument à nouveau la maison. Le soir, elles s'obstinent à raconter les histoires de Cendrillon ou de Peter Pan, même si les petits-enfants sont plutôt habitués à Spider-Man ou de Hello Kitty.

À Noël, il y a presque autant de cadeaux que de boules sous le sapin en plastique, et à Pâques, il y a tellement d'œufs en chocolat dans le jardin que l'on en retrouve d'une année sur l'autre. Maintenant, la Petite Souris dépose des euros en billets aussitôt dépensés en Playmobil® ou en bonbons. L'amour est évidemment toujours au rendez-vous mais il n'est plus question de sévérité, plutôt de dialogue et de négociation. La fessée pourrait même être interdite par la loi. Si elle est « un peu vieille », Mamie a l'air « un peu jeune », même pour de faux... et s'en réjouit car, au sein de la famille, c'est l'arrière-grand-mère qui a le droit d'être vieille pour de vrai !

SCÈNE 3
La vie en général

AVANT

Les repas se prenaient à heures fixes, autour d'une table, et se composaient invariablement d'une entrée, d'un plat, d'un dessert. Les enfants devaient finir leur assiette sous peine de filer dans leur chambre. Ils devaient aussi bien se tenir, lever les coudes et ne pas parler la bouche pleine. Le déjeuner dominical était sacro-saint et toute la famille, grands-parents compris, se retrouvait autour d'un poulet rôti et du gâteau « du dimanche ».

Les jouets ne s'amoncelaient pas dans toute la maison et, de toute façon, ils n'étaient pas très nombreux. Les filles avaient des poupons, leurs habits, leurs dînettes, leurs berceaux, leurs poussettes et tout ce qui les préparait à devenir de parfaites femmes au foyer, comme Maman ou Mémé. Les garçons assouvissaient leurs passions de futurs mâles avec des circuits de petites voitures, des déguisements d'Indiens et de cow-boys, des châteaux forts et des revolvers. Tout le monde possédait des patins à roulettes, des ballons et la boîte magique de Nain jaune.

Les sorties en famille s'effectuaient le dimanche, à la campagne, en voiture ou à la fête foraine. Parfois au cinéma ou au cirque. Pépé et Mémé assuraient les jeudi après-midi et en profitaient pour apprendre la pâtisserie, le jardinage ou le crochet à leurs petits-enfants. Les jeunes enfants n'allaient ni au restaurant, ni aux matchs de foot, ni dans les boutiques.

À la télé, « pom, pom, pom, pom pom, bonne nuit les petits » donnait le signal du dodo et jamais au grand jamais un enfant ne regardait ni les informations ni les films pour grandes personnes.

Les vêtements des enfants obéissaient à quatre règles strictes : solides, confortables, peu salissants et pourvus d'un ourlet pour rallonger ! Une certaine mode enfantine venue d'Angleterre n'existait que dans les beaux quartiers où les petites filles portaient des robes à smocks et les garçonnets des blazers et des culottes de flanelle grise couvrant les genoux.

On se régalait alors des sucettes Pierrot Gourmand®, des Mistral®, des roudoudous et de bonbons enrobés de papiers brillants de toutes les couleurs mais avec l'interdiction de les manger avant les repas. Les chewing-gums Malabar® étaient distribués parcimonieusement car ça faisait mal à l'estomac, que le bruit de la mastication et des bulles était mal élevé et aussi parce qu'on n'était pas en Amérique !

On passait les grandes vacances au bord de la mer avec Papa et Maman, en Bretagne particulièrement pour le climat vivifiant, ou chez Pépé et Mémé lorsqu'ils habitaient à la campagne. La pêche à la crevette ou les pique-niques en forêt constituaient des aventures inoubliables qui ont à tout jamais rendu nostalgiques ceux qui les ont vécus. Il fallait toujours attendre trois heures de digestion avant de se baigner et mettre des sandalettes et un chapeau de soleil pour aller au jardin.

MAINTENANT

Les traditions alimentaires ont pris un sacré coup de modernité et les repas sont beaucoup moins sacralisés. Lorsque les deux parents travaillent, le repas du soir notamment, qu'il se déroule à table ou sur des plateaux télé est souvent constitué de plats rapidement préparés ou sortis du congélateur. On se régale et on prend son temps devant un bon repas mitonné durant le week-end, même si la récompense suprême pour les enfants consiste en une virée dominicale au *fast-food* ou un brunch devant un DVD avec Papa et Maman.

Pour peu de temps encore, les jeux des garçons et des filles sont toujours différents, mais tous en plastique et fabriqués en Chine. Ils lancent des rayons laser, font des bruits assourdissants, marchent, pleurent, font pipi tout seuls et plus il y en a, mieux c'est ! Les chambres d'enfants sont infranchissables sous peine de fracture du col du fémur pour la Mamie qui glisserait sur l'amoncellement de voitures électroniques ou de figurines. On ne conserve évidemment plus les jouets « anciens » dans la mesure où leur durée de vie ne dépasse pas les quelques mois ou semaines pour lesquels ils ont été conçus. Soit ils finissent à la poubelle, soit ils sont donnés à des associations, ou encore ils sont vendus sur Internet.

Mais le plus merveilleux des jouets, celui qui ne prend pas de place, ne se casse pas, n'a pas besoin de pile et laisse les parents tranquilles pendant des heures et des heures, c'est LA TABLETTE ! Dès l'âge de 2 ans (au secours : il paraît qu'une marque américaine travaille sur le projet d'une tablette incorporée dans les landaus...), les petits doigts glissent sur l'écran avec la précision et la dextérité de doigts adultes aguerris depuis longtemps aux trackballs, puis aux souris et aux écrans tactiles. Les grands-parents sont ébahis par tant de dextérité même si, en leur for intérieur, ils craignent que cette précocité « technologique » ne fasse basculer leurs petits-enfants vers une addiction, comme c'est parfois le cas chez des enfants plus âgés.

Les enfants accompagnent désormais leurs parents presque partout, notamment au restaurant et au cinéma. Les cirques se raréfient, remplacés par des spectacles de théâtre et des parcs d'attractions dont s'enorgueillissent nombre de régions.

L'industrie du vêtement pour enfants (babys, kids, ados) est florissante et, dès leur plus jeune âge, les petits choux ont des goûts très arrêtés sur ce qu'ils veulent porter ou non. Plus vraiment envisageable de mettre le pull-over tricoté par Mamie qui gratte dans le cou ! On veut des jeans, des leggins, des doudounes, des sweat-shirts à capuche, des baskets. Les robes « qui tournent » n'ont plus la cote, sauf pour les grandes occasions et les petites filles les prennent parfois pour des déguisements.

Les bonbons d'antan ont disparu, sauf chez les vieilles dames. Plus question de sucer longuement ou de croquer, tout est mou-mou avec des goûts et des couleurs entièrement synthétiques.

Les vacances peuvent être des moments très compliqués du point de vue de l'organisation, surtout dans les familles recomposées. Une semaine ici, une semaine là, une autre chez chacun des grands-parents, on ne défait plus les valises et les jouets n'ont pas le temps de se poser sur un tas de sable qu'ils sont déjà remballés pour une autre destination.

Si ces comparaisons vous semblent un peu exagérées, elles reflètent les courants actuels auxquels il faudra pourtant vous habituer... Vous le constaterez par vous-même : il y a bien longtemps que les grands-parents ne font plus la loi ! Oui, bien sûr, il existe encore des familles modèles où les enfants reçoivent dès leur plus jeune âge une éducation rigoureuse, apprennent les valeurs fondamentales de la vie en société et respectent les grandes personnes. Nous vous souhaitons sincèrement que cela soit le cas dans la vôtre, sinon... bon courage !

→ Notes

acte
3

À l'impossible nulle n'est tenue, quoique…

Ouverture

Vous venez à peine d'apprendre que vous alliez devenir grand-mère et, déjà, vous voudriez devenir une grand-mère parfaite en chamboulant votre vie pour consacrer le plus de temps possible au bébé.

SCÈNE 1
À ce stade de l'aventure, ne vous mettez pas la pression !

Quelques mauvais exemples :
- Prendre votre retraite anticipée,
- Renoncer à votre projet de vous installer dans le Midi,
- Interrompre les ateliers de reliure ou de poterie que vous adorez,
- Abandonner le bénévolat dans lequel vous puisez tant d'enrichissement personnel.

Vous êtes folle ou quoi ? Le rôle de grand-mère n'est pas un apostolat, et encore moins un renoncement qui justifierait de sacrifier ce qui fait de vous la femme que vous êtes devenue au fil des années. Si pression il y a, elle ne doit se situer qu'à un seul niveau : celui de devenir une Mamie adorée mais non intrusive et riche de sa propre vie, car même si les futurs parents vous ont laissé entendre, dans l'euphorie générale, qu'ils compteraient beaucoup sur vous, ne vous laissez pas piéger ! Eux-mêmes ne savent pas encore à quel point il leur sera difficile de se séparer du « fruit de leurs entrailles » pour vous le confier ne serait-ce qu'une nuit, d'accepter vos conseils (ou vos critiques) et de vous considérer comme l'un des pivots indispensables à une répartition équilibrée des sentiments de l'enfant. Vous le savez pour l'avoir vécu, tout ce qui est dit avant l'instant indicible où un papa et une maman découvrent leur petit n'a qu'une valeur théorique et il y a fort à parier que l'idéalisation de votre rôle ainsi que les belles promesses faites pendant la grossesse seront noyées par le flot d'amour possessif qui va les submerger.

*Tu verras,
on te le confiera
quand tu voudras.*

*Tu verras,
il passera au moins
une semaine de vacances
avec toi chaque été.*

*Tu verras,
au début, tu pourras
venir le voir autant de fois
que tu en auras envie.*

*Tu verras,
on écoutera
tous tes conseils.*

*Tu verras,
on lui mettra tous
les petits vêtements que
tu lui achèteras.*

*Tu verras,
on te fera entièrement
confiance dès que
tu l'emmèneras
en voiture.*

Comme dit la chanson : « Ah tu verras, tu verras... » !

Dans l'immédiat, ne chamboulez rien et attendez de voir comment les choses évoluent. Il sera toujours temps de prendre des décisions importantes si jamais, et à leur demande uniquement, votre disponibilité devient nécessaire.

À la limite, en fonction de la date présumée de l'accouchement, vous pouvez envisager de modifier certains projets de voyage qui vous éloigneraient le moment venu, mais surtout, rien de plus !

SCÈNE 2
Rassurez-vous, la grand-mère parfaite n'existe pas

À partir de maintenant, il vous reste à peu près 7 mois pour vous préparer à devenir grand-mère.

S'il ne s'agit évidemment pas d'un boulot à part entière, il va quand même falloir vous y atteler sérieusement. Pas question de vous mettre la pression, non. Il n'y a pas d'examen de passage, mais une certaine remise à niveau des connaissances s'impose pour ne pas vous retrouver pataude et désarmée une fois que votre petit-fils ou votre petite-fille se trouvera dans vos bras et sous votre responsabilité. On ne vous demande pas d'être une grand-mère parfaite, mais n'oubliez pas qu'il a suffi à des parents d'entendre le cri primal de leur petit pour se transformer en bêtes sauvages prêtes à sortir crocs et griffes à la moindre erreur.

➔ Les erreurs fatales anti-grand-mère parfaite !

- Avouer que vous n'avez plus l'habitude de tenir un bébé dans vos bras (main sous la nuque, main sous les fesses).
- Dire « lange » au lieu de « couche ».
- Le remettre dans son berceau après un repas sans qu'il ait fait son rototo.
- Ne pas vous laver les mains avant de le prendre dans vos bras ou de lui donner le biberon.
- Avoir l'air d'hésiter sur la position de la tétine, du biberon et du bébé pendant la tétée.
- Oublier de lui donner son antireflux.
- Le faire régurgiter en enfilant sa gigoteuse.
- Oublier la crème de change sur ses petites fesses.

- Lors du bain, lui mettre une goutte d'eau dans les yeux et ne même pas penser à chauffer la serviette avant de l'essuyer.
- Le coucher sur le ventre.
- Ne pas porter de masque si vous êtes enrhumée.
- Paniquer lorsqu'il hurle et ne pas le prendre dans vos bras pour le calmer.
- Parler trop fort.
- Empester la cigarette ou le parfum.
- Et, en matière de comportement, avoir l'air trop : émotive, étourdie, insouciante, nerveuse ou tout autre signe qui vous ferait passer pour une dangereuse psychopathe irresponsable aux yeux des parents suspicieux...

Ces petites gaffes qui vous ont fait craindre le pire

....

....

....

....

....

En revanche, certaines compétences vous hisseront en un clin d'œil au panthéon des grands-mères super-parfaites.

Les must de la grand-mère parfaite !

- Connaître personnellement Marcel Rufo et avoir son numéro de portable, en cas d'urgence.
- Diriger une crèche, être pédiatre ou infirmière en pédiatrie.
- Avoir magistralement élevé vos cinq enfants et obtenu la médaille du Mérite... ce qui vous ferait bénéficier de la

confiance absolue de votre fils ou de votre fille, voire, plus exceptionnel, de votre belle-fille et de sa mère.

- Savoir faire tomber sa fièvre, sans paniquer.
- Être la seule à l'endormir en quelques minutes.
- Connaître par cœur les symptômes de toutes les maladies infantiles et les numéros utiles en cas d'urgence.
- Le laver, le nourrir, le changer, le stimuler, le sortir, le rentrer, le coucher sans faux pas.

Vos atouts à vous

....

....

....

....

....

Quelles que soient vos compétences ou vos lacunes, il est une chose bien au-dessus de ces aspects pratiques, et celle-là est pure et précieuse comme un diamant brut : votre amour, qui, année après année, tissera entre vous des liens de complicité et de confiance.

quiz

QUELLE GRAND-MÈRE SEREZ-VOUS ?

1. En apprenant que vous alliez devenir grand-mère :
- ▲ vous êtes tombée des nues
- ● vous avez sauté de joie
- ✦ vous vous y attendiez d'un jour à l'autre

2. Vous espérez que ce sera :
- ▲ un garçon
- ● une fille
- ✦ l'un ou l'autre vous rendra heureuse

3. Vous espérez que le bébé ressemblera :
- ▲ à vous
- ● le moins possible à l'autre grand-mère
- ✦ à votre fille ou à votre fils

4. Vous aimeriez qu'il porte un prénom :
- ▲ original
- ● classique
- ✦ dans la tradition familiale

5. Vous pensez que les parents vous le confieront :
- ▲ une fois par semaine
- ● une fois par mois
- ✦ occasionnellement quand ça les arrangera

6. Vous supposez qu'une grand-mère doit :

▲ intervenir dans l'éducation

● ne pas du tout s'en mêler

✦ essayer de rectifier certaines lacunes parentales

7. Vous aimeriez lui transmettre, plus tard :

▲ votre passion des livres, du jardinage, du cinéma, de l'orthographe ou des mathématiques

● rien du tout, c'est lui qui se forgera son caractère.

✦ votre bienveillance envers les autres et l'importance de l'amour

8. Vous surveillerez de très près :

▲ ses activités sportives

● ses fréquentations

✦ ses études

9. Vous serez plutôt une grand-mère :

▲ gaga et céderez à toutes ses envies

● stricte, hors de question de le gâter outrageusement

✦ généreuse et attentive, sans exagération

10. Vous serez du genre à :

▲ ne lui faire manger que ce qu'il aime

● le forcer à finir son assiette de courgettes

✦ lui cuisiner de bonnes choses pour éduquer son goût

11. Pour lui, vous serez prête à :

▲ traverser la ville pour l'emmener voir Guignol

● revoir 54 fois le DVD des Barbapapa

✦ devenir une « pro » de la tablette ou de la PS

12. Les valeurs essentielles que vous souhaitez lui inculquer sont :

▲ la politesse,

● l'obéissance

✦ l'humour

13. Quand Bébé sera grand, vous rêveriez qu'il soit :

▲ médecin, avocat, P-DG

● artiste

✦ ce qu'il voudra

14. Votre relation avec lui sera :

▲ affectueuse mais réservée

● psychorigide pour qu'il vous respecte

✦ complice et pleine de fous rires

RÉSULTATS

Si vous avez une majorité de ✦

Vous allez être la Mamie la plus géniale, la plus cool, la plus tendre et la plus généreuse de la Terre, mais gare à vos illusions ! La réalité ne sera pas toujours conforme à vos attentes.

Si vous avez une majorité de ●

Ça ne va pas rigoler tous les jours et Bébé Ier a intérêt à se tenir à carreau, mais vous apprendrez à mettre de l'eau dans votre vin car une rigueur excessive risquerait de l'éloigner de vous et de l'éducation qu'il reçoit chez lui.

Si vous avez une majorité de ▲

Vous serez une excellente Mamie dont le rôle plus discret n'en sera pas moins attentionné. Vous ne vous bercez pas d'illusions et saurez vous adapter à ce que l'on attendra de vous.

➔ Le nouveau rôle des grands-mères ?

Voici ce qu'en pense Yvonne Poncet-Bonissol que l'on peut voir régulièrement dans l'émission « Toute une histoire » sur France 2.

La grand-mère a été de tout temps la mémoire de notre histoire et celle qui, par sa sagesse, apaise les conflits et transmet des valeurs éducatives et familiales. La grand-mère offre aussi une dimension ludique indispensable et essentielle au développement psychique et affectif de l'enfant. Elle élargit son champ d'activités et stimule son imagination, ce qui constitue un ancrage pour sa créativité future. Quelle joie d'apprendre avec sa Mamie les traditions culinaires, la confection de vêtements de poupées, la musique ou le dessin, de dénicher dans son grenier des trésors oubliés ou simplement de confier à son oreille bienveillante ses petits secrets !

On assiste aujourd'hui à une nouvelle forme interactive de l'échange ludique entre grands-parents et enfants grâce au développement du matériel et des gadgets électroniques si familiers aux enfants dès leur plus jeune âge, lesquels initient souvent leur Mamie aux joies des jeux électroniques et des écrans tactiles pour se lancer ensemble dans des parties endiablées.

La grand-mère se situe entre celle au grenier plein de trésors, de souvenirs d'enfance tant recherchés par chacun et celle qui s'inscrit dans la modernité. Adieu, la grand-mère au petit chignon blanc. Aujourd'hui, elle fait du scooter, du bateau, voyage et déploie une énergie époustouflante. Elle ne se cantonne plus au rôle de nounou de remplacement et tient une place prépondérante dans l'évolution psychoaffective de son petit-fils ou de sa petite-fille.

Il se peut, face à certaines situations (séparation, veuvage, monoparentalité), que la grand-mère soit contrainte d'adopter des comportements maternants, de par le stress ou la pression vécue par la mère. Cette état de fait ne peut s'installer que dans un temps délimité, celui qui permettra d'asseoir la sécurité affective de l'enfant, car, devant cette nouvelle génération de grands-mères encore indépendantes, actives et désirantes, le conflit œdipien pourrait, paradoxalement, se porter sur elles.

La grand-mère a une valeur unique et irremplaçable dans la famille d'aujourd'hui devenue moins conventionnelle et moins traditionnelle que par le passé, mais tout aussi structurante pour le jeune enfant.

acte 4

Future grand-mère maternelle ou paternelle, c'est bien différent !

Ouverture

En quoi est-ce différent ?
A priori, vous vous dites qu'il n'y a pas de différence, puisqu'au bout du compte et de 9 mois d'attente, vous deviendrez la grand-mère d'un bébé plus beau que tous les autres, qu'il soit né de votre fils ou de votre fille. Taratata ! Sachez qu'entre le ventre de votre belle-fille chérie, mais belle-fille quand même, et celui de votre fille adorée, se dresse la barrière de la propriété maternelle que l'autre future grand-mère éprouve dès que le ventre de sa fille s'arrondit.
N'en faites pas un drame, c'est comme ça depuis la nuit des temps : l'essentiel est de trouver votre juste place dans cette équation toute nouvelle…

SCÈNE 1
Si vous êtes la future grand-mère paternelle

Même si votre fiston a été le plus adorable, le plus obéissant, le plus intelligent et le plus câlin de tous les fistons, il a maintenant quelqu'un d'autre que vous dans sa vie. Une jeune femme qui l'aime, qui partage sa couette, ses pizzas, sa Playstation, ses ambitions et ses projets. Ce bébé qu'ils viennent de vous annoncer est le doux fruit de leur amour, mais quelques épines vont venir picoter votre sensibilité et votre désir d'implication, surtout durant la grossesse.

La maman de votre belle-fille va s'imposer, ça, vous pouvez en être sûre. Elle ne le fera pas méchamment, mais c'est quand même elle qui sera aux premières loges dès que sa fifille aura la moindre interrogation, le moindre bobo, le moindre état d'âme et l'envie de se faire dorloter par sa Môman. Alors, oui, vous serez un peu sur la touche... Les futurs papas ont rarement besoin de câlins durant leur couvade et ils gardent pour eux les questions et les états d'âme, au cas où on ne les penserait pas à la hauteur de la situation ! Il sera avec vous comme avec ses frères, sœurs et amis : cool, ravi, impatient mais mutique... et vous enverra gentiment balader lorsque vous revendiquerez votre droit à l'info et aux joies des préparatifs.

Puisqu'il n'y a rien à espérer côté fils, à vous de jouer habilement côté belle-fille pour vous rapprocher de son petit ventre et de ce qu'il y a dedans, pour lui montrer qu'elle peut compter sur votre aide ! Mais n'agissez jamais au détriment de l'autre grand-mère en vous accaparant la jeune femme et en devançant systématiquement le moindre de ses désirs et de ses besoins.

Vous pouvez, en revanche, proposer ou négocier quelques points :

- Un déjeuner au resto chaque mois en tête à tête pour installer entre vous une complicité encore plus étroite.
- Participer à l'installation de la future chambre de bébé s'il y a un coup de peinture à donner, des petits meubles ou des rideaux à installer.
- Si elle est très fatiguée, lui proposer de la conduire en voiture à des rendez-vous, d'exécuter certaines corvées à sa place ou de garder le chien quelques jours.
- La gâter avec des petites bricoles et de petites attentions qui la charmeront mais jamais, au grand jamais, n'offrez quoi que ce soit pour le futur bébé, puisqu'il est bien ancré dans les croyances populaires que « ça porte malheur » !
- Lui distiller le sentiment que vous ne voulez pas vous substituer à sa mère mais que vous aussi vivez pleinement ce bonheur à venir… à bon entendeur, salut !
- Bref, l'entourer et la choyer comme si c'était votre fille, sauf que ce n'est pas votre fille. Pas facile mais gérable si vous mettez de côté vos petites susceptibilités du moment et savez vous rendre utile, pour ne pas dire indispensable, sans trop râler ou revendiquer.

Après la naissance, tout rentrera dans l'ordre, enfin presque…

SCÈNE 2
Si vous êtes la future grand-mère maternelle

Alors là, vous allez vous régaler, parfois même jusqu'à l'indigestion ! Pour votre fille, le temps de ces 9 mois, et peut-être après quelques années de : « Laisse-moi vivre Maman, j'ai 23 ans maintenant », vous redevenez l'essentielle, l'incontournable, celle qui sait, qui l'a vécu, qui pense à tout, prévoit tout, à laquelle on peut dévoiler sans honte ses vergetures, son nombril exubérant, sa culotte de cheval et ses petites paniques.

Si vous vous plaigniez, jusqu'alors, de ne pas avoir assez de nouvelles d'elle, rassurez-vous, vous allez être servie et, croyez-moi, il y aura même des jours où vous ne répondrez pas au cinquième appel ou aux SMS à répétition. En revanche, vous serez aux premières loges dans le suivi de grossesse, les préparatifs de naissance et peut-être même certaines décisions.

Ils vont être drôlement chouettes, ces 9 mois, hein ?

SCÈNE 3
Et les papys dans tout ça ?

Vous n'alliez tout de même pas penser qu'ils avaient été oubliés ! Oui, bien sûr, la mamie est essentielle, mais le papy ne l'est pas moins, et son rôle, différent à beaucoup d'égards, est aussi structurant que le vôtre pour le petit-enfant.

Un grand-père débutant a environ le même âge que vous, le même vécu et le même attachement pour les enfants que vous avez eus ensemble. Pourtant, l'arrivée d'un bébé ne le bouleverse pas autant que vous et sa vraie manifestation de joie s'exprime en d'autres termes. Pour lui, c'est plutôt un genre de fierté d'avoir mené à bien la grande aventure de sa famille et de la voir s'agrandir alors qu'il est encore en pleine forme et tout à fait capable d'envisager dans quelque temps une randonnée ou une partie de football avec le « dernier rejeton » de la lignée ! Oui, ça, ça le réjouit vraiment. En revanche, les premiers vagissements, la bave, les couches et tout ce qui fait vibrer l'âme grand-maternelle penchée sur le berceau d'un poupon ne le passionnent pas viscéralement. Ne comptez donc pas trop sur lui, durant les premiers mois, pour bêtifier ou s'extasier devant les prémices du futur prix Goncourt ou de la prix Nobel de médecine en devenir dont les sourires et le regard intelligent vous gonflent de fierté. Lui, il attend son heure pour entrer en scène et, croyez-moi, lorsque, enfin, son petit-fils ou sa petite-fille aura mis pour la première fois ses bras autour de son cou, il sera aussi cuit-cuit que vous ! Pour l'instant ne vous fâchez pas trop contre lui s'il n'affiche pas le même enthousiasme que vous devant ce bébé qui ne fait que dormir, téter ou brailler…

LA RÉVÉLATION !

Si les premiers câlins gonflent son cœur des bouffées d'un amour naissant, le fait de s'entendre appelé « Papy » pour la première fois un peu plus tard assoit son statut jusqu'alors en pointillé et les premiers jeux partagés imposent aux yeux du monde entier combien, je cite : « *ce petit enfant éclate de rire avec lui plus qu'avec personne, qu'il est aussi plus obéissant, plus attentif, plus tendre, plus curieux, plus, plus, plus...* ». Le grand-père est alors reconnu en tant que tel et son orgueil masculin trouve enfin le moyen de se nicher en bonne place dans l'univers ultraféminisé qui a entouré la naissance puis les premiers mois. Sans vouloir généraliser, disons qu'en principe, la grande révélation apparaît aux alentours des 18 mois de l'enfant, et si les progrès fulgurants de celui-ci vous émerveillent, vous n'êtes pas non plus au bout de vos surprises en ce qui concerne ceux du jeune grand-père qui s'épanouit sous vos yeux dans un rôle tellement improbable peu de temps auparavant !

DÉMONSTRATIONS ÉLOQUENTES...

- Papy Ier ne supportait pas les chaussures de sport parce qu'il trouvait que ça le faisait transpirer des pieds ? Il vient de s'en acheter une paire pour jouer au foot avec le petit.
- Papy Ier ne ratait jamais « Questions pour un champion » ? Maintenant il préfère regarder des dessins animés avec sa petite-fille sur les genoux.
- Papy Ier râlait pour promener le chien ? C'est lui qui se propose pour aller faire un tour avec le petit ou la petite jusqu'au jardin public.
- Papy Ier détestait vous accompagner dans les magasins ? On le voit rôder régulièrement aux rayons des jouets de tous les centres commerciaux.
- Papy Ier fumait sa petite cigarette avec son café après déjeuner ? Plus question que la moindre odeur de tabac ne flotte dans la maison.
- Papy Ier s'énervait dès qu'on lui demandait de répéter deux fois la même chose ? Désormais, dix fois, vingt fois, il recommence à expliquer pourquoi la pluie mouille, pourquoi il faut mettre sa capuche et pourquoi il faut enjamber les flaques. Sa patience n'a pas non plus de bornes pour fabriquer un joli collier de nouilles, construire un château de sable ou fabriquer une petite route avec un pont pour des voitures miniatures.

- Papy Ier était plutôt du genre intolérant dès que l'on changeait ses affaires de place ? Aujourd'hui, il ne faut surtout pas gronder le petit-enfant qui laisse traîner ses jouets au milieu du salon, a découpé le journal, tripatouillé la télécommande, renversé de la pâte à tartiner sur le canapé, perdu son crayon à mots croisés, creusé les plates-bandes avec sa petite pelle… j'en passe et des meilleures parce que l'Homme est méconnaissable et que chacune d'entre vous vivra sa propre expérience !

LE PAPY PLUS FORT QUE TOUT

Mamie, il faut vous faire une raison : il se peut qu'à certains moments, Papy prenne le pas sur vous dans le partage et la complicité. Rien de grave à cela, qui est même plutôt réjouissant puisque l'enfant s'épanouit entre vous deux. Alors, ne soyez pas trop possessive et, lorsqu'ils en ont envie, laissez-les faire des escapades en tête à tête. Ils adorent cela et l'on se demande qui est le plus fier des deux lorsque la petite main se blottit dans la grande pour partir à l'aventure vers le manège, la pêche à la ligne, le bac à sable, la balade en voiture, ou tout simplement pour aller acheter le pain !

L'éducation et les conseils qu'un tout-petit reçoit de son grand-père sont précieux et fondateurs car, au-delà des bisous et des caresses, l'autorité et l'expérience de celui que l'on appelait autrefois et à juste titre « bon papa » sont les branches d'un arbre solide auquel un enfant aime s'accrocher sans risque de tomber. Un grand-père a toujours raison, il ne se trompe jamais, il est fort, il sait faire plein de choses, il raconte des histoires qui font peur et il est bien rare qu'il se fâche. En plus, avec lui, on rigole, on fait des bêtises dans le dos de Mamie, on a des secrets, et surtout on se sent grand jusqu'au ciel !

Alors, bravo, les papys, vous êtes les meilleurs.

acte
5

Le tour du ventre en 285 jours*!

*Estimation de la durée d'une grossesse à partir du premier jour des dernières règles.

Ouverture

Vous pensez n'avoir rien oublié de ce qu'est une grossesse et revoyez comme si c'était hier votre petit ventre à vous, gros, puis très gros, délivrant enfin, après 285 jours d'attente, le plus incroyable bonheur de votre vie. C'est donc a priori sans surprise majeure que vous allez accompagner celle-ci. Seulement… c'est sans compter sur l'état d'esprit des jeunes parents, l'évolution des comportements et les avancées médicales du XXIe siècle !

SCÈNE 1
Dépoussiérer vos souvenirs

Qui dit souvenirs, dit généralement bons souvenirs. Ce sont précisément ceux qui vous restent de la grossesse après avoir chassé à tout jamais ceux qui en terniraient le radieux éclat : nausées et épuisement des premières semaines, sautes d'humeur, brûlures d'estomac, douleurs dans le dos, jambes gonflées, envies constantes de pipi, régime alimentaire, culotte de cheval, dents cariées, cheveux qui tombent et, bien sûr, contractions et expulsion qui, à votre époque, ne connaissaient pas toujours les délices de la péridurale alors balbutiante.

➔ Péridurale mon amour !

Découverte dans les années 1940, la péridurale est une technique qui ne s'est imposée que tardivement en Europe. C'est seulement à partir des années 1970 qu'elle est devenue le « gold standard » de la prise en charge analgésique des contractions liées à l'accouchement. Pourtant, de nombreuses femmes la redouteront longtemps encore et le fameux « tu enfanteras dans la douleur » y est sûrement pour quelque chose ! Aujourd'hui, sauf demande expresse ou incompatibilité médicale, toutes les femmes accouchent dans le bonheur et sous péridurale.

En revanche, restent très présents dans votre mémoire ces envies gourmandes et irrépressibles que tout le monde s'empressait de satisfaire, votre libido en ébullition, la joie des préparatifs, les ondes de vie dans votre ventre, les messieurs qui se levaient dans le bus pour vous laisser leur place et, merveille des merveilles, le petit corps tout chaud posé sur votre ventre pour lequel, à la seconde même, vous vous êtes sentie submergée par une passion inouïe, jusqu'alors inconnue de vous.

SCÈNE 2
Entrée pas à pas dans le monde d'une grossesse d'aujourd'hui

À part quelques excentriques dont il est à souhaiter, pour de strictes raisons de sécurité, que votre future maman ne fasse pas partie, les jeunes femmes doivent, dès le début de leur grossesse, respecter un protocole médical rigoureux qui les encadrera jusqu'à l'accouchement et même au-delà. En tant que grand-mère débutante, votre rôle est de veiller à ce que chaque examen soit effectué en temps et en heure, quitte à prendre vous-même les rendez-vous si vous suspectez un risque de négligence.

Pour vous aider dans ce suivi, voici une petite mise à niveau de vos connaissances qui devrait drôlement vous valoriser aux yeux de votre fille ou de votre belle-fille !

→ Liste des examens incontournables

1er trimestre :

- Avant la fin de la 14e semaine, visite prénatale chez le gynécologue avec prescription de plusieurs analyses urinaires et sanguines.

- Entre la 12e et la 14e semaine, première échographie pour déterminer le nombre de fœtus et la date précise du début de la grossesse. Si diabète, hypertension, rhésus négatif ou grossesse tardive, le suivi médical et les analyses sont intensifiés.

2e trimestre :

- Visite médicale mensuelle : examen gynécologique, prise de sang, analyse d'urine.
- Deuxième échographie, dite échographie morphologique, qui détermine la taille, le sexe et le bon développement du futur bébé.
- Entre la 15e et la 17e semaine : prise de sang de dépistage de la trisomie 21. La moindre suspicion entraîne une amniocentèse. Autre examen éventuel en cas de grossesse à risque ou de développement insuffisant du fœtus : le Dopler, qui permet de surveiller la circulation des artères ombilicale et utérine et d'apporter des solutions adaptées.

3e trimestre :

- Toujours les visites mensuelles, les prélèvements et les analyses scrupuleuses.
- Vers la 32e semaine : troisième et dernière échographie.

Et après… youpi, c'est le baby !

Mais dans une grossesse, il n'y a pas que le côté médical et il ne faut jamais oublier que ce n'est pas une maladie. Au contraire ! Alors, future grand-mère, ne projetez pas sur Le Ventre vos petites angoisses, bien minimes comparées à celles des futurs parents découvrant jour après jour une situation dont ils avaient sûrement sous-estimé l'importance ! Vous devez devenir, dans la joie et la sérénité, l'accompagnatrice zélée et apaisante de ce parcours qui sera jalonné de moments merveilleux mais aussi – mieux vaut vous y attendre – de périodes un peu difficiles que votre expérience vous aidera à gérer.

SCÈNE 3
Les choix de l'accouchement

QUEL ACCOUCHEUR ?

On a vu des familles s'étriper pour moins que ça. Si, pour vous, le choix paraît évident, il ne l'est pas forcément pour les futurs parents, qui voudront choisir par eux-mêmes. Tant pis pour vous si vous avez le meilleur gynéco du monde ou si la merveilleuse sage-femme qui vous a accouchée il y a 25 ou 30 ans exerce encore avec brio. Il y a de fortes chances pour que leur décision l'emporte. Alors, même si cela vous contrarie au plus haut point, taisez-vous, c'est leur accouchement pas le vôtre. Il ne vous reste plus qu'à espérer qu'ils n'auront pas choisi celui ou celle de « l'autre grand-mère »...

ET QUELLE MATERNITÉ ?

Le choix de la maternité ira de pair avec celui de l'accoucheur, vous êtes donc au pied du mur. À moins que vous décidiez de casser votre assurance-vie pour offrir à votre futur petit-enfant la clinique la plus luxueuse du département... Ça, c'est vous qui voyez.

Ne rêvez pas, vous ne serez pas conviée à la première consultation, ni d'ailleurs aux autres. Les futurs parents s'approprient leur couvade et Google tourne à plein régime sur les sites de grossesse pour les alimenter en informations et découvertes. Ils en sauront vite bien plus long que vous... Ne vous morfondez pas dans votre coin : ce n'est pas grave, vous aurez un résumé téléphonique le soir même. Et si jamais ils oublient de vous raconter ou de vous communiquer les résultats des analyses, dites-vous que s'il y avait le moindre problème, vous en auriez été informée aussitôt. Donc, TOUT VA BIEN.

Le choix de la maternité étant ce qu'il est, la seule chose que vous puissiez faire est de vous renseigner discrètement sur celle-ci et de vérifier qu'elle répond aux critères de base, à savoir : réactivité en cas de pépin, confort, hygiène et qualité des soins néonataux.

Saviez-vous qu'il existe trois niveaux de maternités ?

Maternités de niveau 1 – Elles sont adaptées aux accouchements ne posant a priori pas de problème. Leur équipement permet de répondre à tous les cas de figure et de faire face à des accouchements difficiles imprévus. En relation étroite avec des maternités de niveaux 2 et 3, elles doivent être en mesure de transférer la mère et son enfant vers la structure mieux à même de prendre en charge un problème survenu lors de l'accouchement.

Maternités de niveau 2 – Elles sont dotées d'un service de médecine néonatale et d'une unité de soins intensifs néonatals. Elles peuvent accueillir les prématurés.

Maternités de niveau 3 – Elles disposent d'une unité individualisée de soins intensifs ou d'un service de réanimation pédiatrique et maternelle. Elles sont spécialement habilitées à suivre les grossesses à risque (hypertension sévère, grossesses multiples) et à accueillir les prématurés de moins de 32 semaines.

Pour vous, évidemment, l'idéal serait une clinique regroupant les trois niveaux pour pallier toutes les éventualités, avec en plus des fleurs aux fenêtres, des chambres particulières inondées de soleil, des puéricultrices formées à Buckingham et le tout situé à 200 mètres de chez vous à pied. Ne rêvez pas ! Estimez-vous déjà heureuse si elle n'est pas à l'autre bout de la planète et si le jeune couple a choisi de faire naître son bébé dans le pays où eux-mêmes ont vu le jour et où vous résidez.

SCÈNE 4
Future maman malade !

Rien ne se voit encore sauf sa mine verdâtre et ses yeux cernés. Comme 50 à 70 % des femmes enceintes, elle a des nausées, vomit, est épuisée et s'endort même devant la finale de « The Voice » ! Vous ne pouvez malheureusement pas y faire grand-chose sinon lui proposer votre aide pour un ravitaillement à l'hypermarché ou un petit coup de ménage chez elle. Vous pouvez aussi lui suggérer de boire avant chaque repas un remède de grand-mère que vous aurez concocté.

➔ Potion magique anti-vomito

- 1 verre d'eau tiède
- le jus d'1 citron
- 1 cuil. à soupe de miel
- 1 pincée de gingembre en poudre

Sinon : boissons gazeuses type Coca-Cola®, Schweppes® ou Perrier®.

SOS GROSSESSE

Bobos, inquiétudes et mal-être sont les dégâts collatéraux d'une grossesse et la future maman n'a pas fini de se plaindre auprès de vous, surtout si c'est votre fille. Bien sûr, vous êtes passée par là et savez qu'il n'y a aucune raison de s'inquiéter. Mais elle, la pauvre, elle ne sait rien encore et c'est à vous de la rassurer, de lui expliquer et de l'aider à soulager ses maux. Alors, pardonnez-lui d'avance ses appels à n'importe quelle heure, ses larmes parfois, ses peurs de ne pas y arriver et ses chouineries chroniques sur fatigue, mal de dos, brûlures d'estomac, constipation, jambes lourdes, insomnies, etc.

➔ Votre petit manuel anti-bobos de la grossesse

- *Allô Maman, j'ai mal au cœur du matin au soir, je ne supporte pas l'odeur du fromage de chèvre et je voudrais manger de la glace à tous les repas.*

Votre réponse : C'est normal, ma chérie, ce sont les envies et les dégoûts très courants en début de grossesse. Durant la grossesse, les changements hormonaux sont considérables. Ils peuvent avoir un effet important sur le goût et l'odorat.

- *Allô Maman, j'ai l'estomac en feu !*

Votre réponse : Ces remontées acides sont dues à la croissance de ton utérus et elles peuvent durer jusqu'à ton accouchement. Évite les jus d'orange, les aliments trop acides et ceux qui fermentent. Mange lentement et ne te couche pas tout de suite après tes repas. Au lit, je te conseille de ne pas dormir trop à plat, et si vraiment ça ne passe pas, demande un anti-acide à ton pharmacien en lui précisant bien que tu es enceinte.

- *Allô Maman, j'ai tout le temps faim, je vais être énorme !*

Votre réponse : Bien sûr que non, ma chérie, mais essaie quand même de te refréner. Si tu meurs de faim, c'est à cause des hormones sécrétées par ton placenta, et notamment les œstrogènes qui provoquent des poussées convulsives.

(Évitez de lui préciser qu'en fait, ce déferlement d'hormones provoque en elle des angoisses et des peurs inconscientes qu'elle compense par la nourriture, ça risquerait d'en rajouter une couche...)

- *Allô Maman, je fais pipi toutes les 5 minutes !*

Votre réponse : Ne t'inquiète pas, ma chérie, c'est normal. Au début de ta grossesse, c'est à cause de tes hormones, et durant les derniers mois, c'est parce que la tête du bébé comprime ta vessie. Continue surtout à boire normalement, mais si tu as des fuites urinaires incontrôlables, consulte quand même ton médecin, qui te conseillera de la kinésithérapie.

• *Allô maman, je n'en peux plus : je suis essoufflée dès que je monte trois marches !*

Votre réponse : Ne t'inquiète pas, ma chérie, c'est parce que ta capacité pulmonaire est réduite par le développement de ton bébé.

• *Allô Maman, j'ai peur, je viens d'avoir un vertige dans la rue !*

Votre réponse : Ne t'affole pas, ma chérie, c'est d'origine nerveuse car les réflexes de ton cerveau sont un peu ralentis par ta grossesse, mais comme cela peut aussi être provoqué par un manque de sucre dans ton sang, mets-en toujours deux ou trois morceaux dans ton sac. Évite aussi les bains trop chauds et respire calmement.

• *Allô Maman, c'est l'horreur, j'ai des pertes vaginales !*

Votre réponse : C'est normal, ma chérie, et ça va durer pendant toute ta grossesse. Elles sont dues à ton placenta et à une suractivité hormonale de tes ovaires. Pour tes toilettes intimes, utilise un savon au pH neutre et ne porte que des petites culottes en coton. Si cela te fait mal, parles-en à ton médecin car il se pourrait alors que tu développes une mycose ou une infection vaginale.

• *Allô Maman, je suis terriblement constipée !*

Votre réponse : Cela peut survenir, en effet, car tes intestins fonctionnent plus lentement. Mange des fruits frais, des légumes à fibres, des céréales et du pain complet.

• *Allô Maman, j'ai peur d'avoir des vergetures, je suis désespérée !*

Votre réponse : Pour prévenir l'apparition des vergetures, il te faut, chaque jour, assouplir la peau de ton ventre, de tes seins et de tes cuisses en te massant à l'huile d'amande douce mélangée à ta crème habituelle ou avec une pommade anti-vergetures. En assouplissant ta peau, tu la rendras plus élastique et donc plus résistante aux kilos supplémentaires. Il ne faut surtout pas que tu négliges cela, car les vergetures sont malheureusement irréversibles !

• *Allô Maman, la nuit j'ai des crampes dans les jambes !*

Votre réponse : Ne t'inquiète pas, ma chérie, c'est normal. Pour que ça passe, étire ta jambe ou ton pied dans le sens inverse de ta crampe. Si cela revient trop souvent, demande à ton médecin de te prescrire du calcium et de la vitamine B.

• *Allô Maman, j'ai peur, j'ai des contractions !*

Votre réponse : Reste calme, ma chérie, et appelle ta sage-femme ou ton gynécologue. Avant cela, es-tu certaine qu'il s'agit bien de contractions, à ne pas confondre avec de simples douleurs utérines tout à fait normales ?

• *Allô Maman, je me traîne, j'ai mal au dos et mes jambes pèsent une tonne !*

Votre réponse : On a souvent des problèmes circulatoires quand on est enceinte et j'ai envie de te dire que c'est presque normal quand on pense à tout ce que ton corps est en train de subir. Il faut quand même faire attention car il y a parfois des complications. Vois cela avec ton médecin sans tarder. Pour ton dos, c'est normal aussi, car à partir du 3e mois, le poids du bébé modifie la courbure naturelle de ta colonne vertébrale au niveau des lombaires. Tu devrais commencer le yoga, qui aide à s'étirer et à adopter de bonnes positions, et dors sur le côté.

Après avoir pris connaissance de ce catalogue de bobos potentiels, vous devriez être en mesure de donner des réponses rassurantes, sans toutefois perdre de vue qu'une situation dite « normale » peut basculer vers « l'anormal » et qu'il faut être attentive à la moindre évolution ! Et puis, il faut également tenir compte du mental de la future maman qui peut s'affoler pour un rien ou au contraire partir du principe que la grossesse n'est pas une maladie et taire ce qu'elle appelle ses « désagréments parallèles ». Dans ce cas, c'est sa mère qui doit ouvrir l'œil.

SCÈNE 5
Le choix du prénom

S'il est un sujet qui passionne la famille, c'est bien le choix du prénom de ce futur bébé et les supputations vont bon train de votre côté comme de celui de l'autre Mamie.

Il y a longtemps déjà que l'on n'affuble plus le nouveau-né du prénom d'un aïeul héroïque ou d'une ancêtre glorieuse et vous avez peu d'espoir qu'il s'appelle comme votre tonton ou votre grand-mère chéri(e) qui, pourtant, portaient des prénoms revenus à la mode puisque l'on croise de plus en plus d'Anatole, Alphonse, Gaëtan, Marguerite, Estelle et Léonie à l'entrée des maternelles.

N'espérez pas faire pression sur les jeunes parents, qui, à juste titre, s'approprient ce choix. Souvent, d'ailleurs, ils ne le dévoilent qu'à la naissance. Oui, même à vous, la future grand-mère ! Évidemment, pendant les mois à venir, vous allez tout tenter pour leur tirer les vers du nez à coup de ruses peut-être subtiles mais infructueuses, car ils garderont jalousement leur secret. Vous pourrez aussi procéder par déduction en éliminant les prénoms dont vous savez qu'ils les rejettent parce que trop classiques, trop originaux, trop longs, trop courts, trop américains, trop français, trop prétentieux, trop importables, ou encore impossibles à accoler à leur nom de famille. Ça fait déjà pas mal, non ? Après, vous pourrez également consulter la liste des prénoms les plus attribués depuis dix ans et parvenir ainsi à vous faire une petite idée. Pour vous y aider, voici les principaux.

➔ Palmarès des prénoms (mai 2014)

À la première place du palmarès des prénoms de filles, on retrouve :

- Emma – en tête depuis dix ans
- Lola
- Chloé
- Inès
- Léa
- Manon
- Jade
- Louise
- Léna
- Lina

Pour les garçons :

- Nathan
- Lucas
- Léo
- Gabriel
- Timéo
- Théo
- Enzo
- Louis
- Raphaël
- Arthur
- Hugo

Aaron, Gabin, Robin, Eden, Camille, Mahaut et Bertille ressurgissent d'un lointain passé, Achille, Armand, Arsène, Blaise, Ernestine, Gertrude, Irma et Berthe pourraient bien être les prénoms tendance des dix prochaines années.

Alors, bonne pioche, chère future Mamie, en espérant que le prénom choisi vous conviendra et que vous n'aurez pas, le moment venu, l'impression de faire guili-guili à un empereur romain ou à une héroïne de mangas…

➔ Mamie Flash (la Mamie de Gabriel) témoigne : Le jeu du prénom

Je n'avais eu droit qu'à deux informations : ils attendaient un petit garçon et le prénom choisi n'avait été attribué que sept fois depuis 1947 ! J'ai alors lancé un jeu concours par SMS auprès de tous mes amis. Celui qui trouverait le bon prénom gagnerait en cadeau « postnatal » le prénom en lettres de chocolats de Jadis et Gourmande, en espérant pour ma tirelire qu'il ne s'appellerait pas Maximilien…

Chasse aux indices

....

....

....

....

....

....

....

....

....

....

....

....

....

....

Vos pronostics sur le prénom

Garçon	**Fille**
....	....
....	....
....	....
....	....
....	....
....	....
....	....
....	....
....	....
....	....
....	....
....	....
....	....
....	....
....	....
....	....
....	....
....	....
....	....
....	....
....	....
....	....
....	....
....	....

SCÈNE 6
Et vous, comment vous appellera-t-il ?

Oui, bien sûr, vous avez du temps devant vous, mais les futures grands-mères ne peuvent pas s'empêcher d'anticiper. Vous commencez donc à réfléchir à ce nom qu'il vous donnera et qui s'inscrira à tout jamais dans ses racines les plus profondes.

Puisque la « mémé » et la « bonne maman » ont pratiquement disparu au profit de la « mamie », vous allez peut-être d'ici deux à trois ans entendre une petite voix familière réclamer des gâteaux à sa Mamie Cœur, Mamie Vélo ou Mamie Framboise, c'est-à-dire vous ! Il va falloir assumer, car ces noms composés sont généralement nés de la bouche même de l'enfant pour qui ils signifient vraiment quelque chose. Alors inventez-vous un nom qui vous plaît mais ne le dites à personne, car il se pourrait bien qu'il n'ait rien à voir avec celui qui, plus tard, jaillira spontanément de la bouche du petit enfant et essayez d'y intégrer le mot « mamie » pour instaurer votre statut de grand-mère, maintenant et pour toujours. Parfois, des parents et des grands-parents aiment se faire appeler par leur prénom. Cela peut être assez déstabilisant pour un enfant, d'une part parce que les prénoms sont moins inscrits dans la hiérarchie familiale, et d'autre part parce que l'enfant n'utilise pas les mêmes référents que ses copains – « Mon Georges à moi il est gendarme » ne veut pas du tout dire la même chose que « Mon Papa à moi il est gendarme » !

→ Comment votre petit-enfant vous appellera-t-il ?

....

....

....

....

....

SCÈNE 7
Votre premier baby-shopping

La future maman n'en est qu'au premier trimestre mais vous piaffez d'impatience devant les boutiques spécialistes des bébés et de TOUT ce qui va avec ! Sachez que TOUT veut dire énormément de choses, utiles pour la plupart mais, comme tout le monde, ce sont les inutiles qui vous feront craquer. Par exemple, l'irrésistible paire de baskets taille 1 qu'aucune maman avisée ne mettra aux pieds de son nouveau-né ou le berceau en forme de corolle dans lequel il ne tiendra pas plus de deux mois.

Si vous voulez un très mauvais conseil : lâchez-vous, faites-vous plaisir, on n'est grand-mère débutante qu'une seule fois.

Qu'elles soient sérieuses ou rigolotes, un certain nombre des activités prénatales vous impliquant peuvent ne pas se dérouler de la même façon s'agissant de votre fille ou de votre belle-fille. Le baby-shopping en est la meilleure illustration car votre état d'esprit et votre comportement ne seront pas les mêmes.

Partir en vadrouille avec sa fille chérie pour faire les boutiques ajoute un maillon à la chaîne de complicité que vous aviez déjà avec elle et nul doute que vous soyez prête à vous ruiner pour commencer à gâter ce merveilleux bébé à venir qui vous rend si heureuses toutes les deux. Ça rigole, ça papote, ça se fait des bisous et ça s'attendrit déjà devant l'adorable gigoteuse ou le si mignon petit bonnet avec des oreilles de chaton. Il se peut qu'en jeune femme organisée, votre fille ait déjà sa liste de vêtements premier âge ainsi que celle des innombrables accessoires de naissance qui lui seront nécessaires depuis la clinique jusqu'à la maison. Ne la bousculez pas en voulant ajouter ce qui vous fait envie à vous ! Il sera bien temps, plus tard, de vous en donner à cœur joie côté achats impulsifs, et laissez-la prendre son rôle de future maman au sérieux. Votre contribution financière au « trousseau », si vous en avez les moyens ou si elle en a besoin, sera infiniment plus utile.

Le baby-shopping avec la compagne de votre fils ne se joue pas sur le même registre. En fait, même si vous vous adorez et qu'une parfaite harmonie règne entre vous, la maman de cette jeune femme est généralement prioritaire pour la séance rigolade, papotage, petits bisous et complicité. Ne vous positionnez pas comme celle qui veut en faire trop et s'efforce de dépasser l'autre future Mamie en générosité. Cela agacerait et ne vous rendrait pas très sympathique. Fixez ensemble ce que vous pouvez prendre en charge pour alléger le budget du jeune couple, et ainsi tout le monde sera content.

➔ Le trousseau idéal de base

Ses premiers vêtements (taille 0 à 1 mois)

- 6 bodies
- 4 dors-bien
- 3 brassières maille ou cardigans
- 4 paires de chaussons ou chaussettes
- 4 tenues complètes (combinaisons, gigoteuses, salopettes à pied, gilets, cardigans)
- 1 veste été ou 1 combinaison pilote hiver, selon l'époque de la naissance
- 1 bonnet

Sa toilette

- 2 sorties de bain à capuche
- 1 matelas à langer
- 2 housses de matelas à langer
- 1 trousse et 1 set de toilette (brosse, ciseaux, thermomètre, eau de toilette)

Ses premiers jouets

- 1 hochet
- 1 doudou
- 1 mobile

Sa chambre

- 1 berceau
- 1 commode
- 1 table à langer
- 2 gigoteuses
- 2 draps-housses
- 1 transat
- 1 Babyphone

Ses sorties

- 1 poussette
- 1 nacelle
- 1 sac de voyage
- 1 lit-parapluie
- 1 porte-bébé

Ses repas

- 3 biberons de 120 ml
- 3 bavoirs
- 1 chauffe-biberon

Comme vous pouvez le constater, les occasions de participer sont nombreuses et variées et vous ne devriez pas vous sentir frustrée, même si vous n'avez que le second choix après la mère de la future mère...

En revanche, fille ou belle-fille, vous pouvez peut-être vous lâcher sur les si jolis vêtements de femmes enceintes qui, eux, peuvent être offerts aussitôt !

➔ Clin d'œil

Mamies d'avant, vous souvenez-vous des tenues de vos grossesses : les robes plissées à col Claudine qui vous faisaient ressembler à des tours sur pattes, les jupes portefeuille et les marinières, les tenues de plage cache-ventres et les manteaux impossibles à fermer les derniers mois ? Qu'est-ce qu'on était moches à l'époque !

SCÈNE 8
Ça approche...

Comme toutes les futures grands-mères, vous ne vous sentirez véritablement Mamie débutante que lorsque le petit être sera enfin dans vos bras. Pour l'heure, à quelques jours ou quelques heures de l'accouchement, vous êtes encore celle qui attend fébrilement ce moment en se rongeant les sangs. Arriveront-ils assez tôt à la clinique ? Auront-ils le temps de faire une péridurale ? L'enfant se présentera-t-il bien ? Aura-t-elle besoin des forceps ou d'une césarienne ? Et s'il faut une réanimation ? Et si le bébé ne respire pas assez vite ? Le psychodrame est permanent dans votre tête et il est temps que Bébé arrive, notamment pour vos nerfs...

Pour vous détendre, revenons un instant sur ces 9 mois écoulés qui, je l'espère, se sont plutôt bien passés et laissent présager une mise au monde parfaitement normale. La future maman est épanouie et sereine, le futur papa radieux parle à son bébé et lui fait écouter ses playlists préférées, iPod contre ventre, la petite chambre est fin prête, la valise de maternité bouclée depuis des semaines, il règne dans la famille une atmosphère de joyeuse fébrilité et vous, vous tournez en rond, rangez des placards qui n'en n'ont pas forcément besoin, l'oreille collée à votre portable, évitant tous les lieux où ils sont interdits des fois que ! Chaque matin au réveil vous vous dites que c'est pour aujourd'hui et chaque soir au coucher vous vous dites que c'est pour demain, mais surtout, vous suivez de très près la prochaine pleine lune qui, vous le sentez, va déclencher la naissance.

Votre expérience de pré-grand-mère débutante a forgé des liens encore plus étroits avec la future maman et vous avez découvert votre fils – si c'est lui le futur papa – sous un nouveau jour qui force votre admiration tant était improbable son passage de l'adulescence à la paternité. Quant à vous, vous vous êtes glissée doucement dans cet amour à venir dont vous ne soupçonnez pas encore la force et la profondeur. Ne vous attendez surtout pas à une passion immédiate telle que peut la ressentir la mère à la seconde même où elle découvre son petit. Vous, c'est autre chose. D'abord, en le voyant, vous vous réjouirez de constater qu'il est normal, que l'accouchement s'est déroulé sans incident et qu'enfin, vous allez pouvoir dormir sur vos deux oreilles. C'est juste après que les larmes vous monteront aux yeux, lorsque vous contemplerez avec admiration la perfection miniaturisée de ce bébé pas tout à fait le vôtre mais presque, et qu'en toute objectivité (!) vous trouverez beau comme un ange même s'il est rouge et tout frippé.

➔ Nini témoigne : Élodie est enceinte, je vais être grand-mère !

« Bon, tu vas vouloir me faire manger des huîtres mais oublie-les : je suis enceinte. »

Voilà comment mon Élodie (37 ans), ma princesse, mon Lu, ma Bouboulina m'a annoncé en août dernier, en Normandie où elle était venue se reposer avant de reprendre son travail de coach de Pilates, que je serais grand-mère. Je n'ai rien exprimé. Rien. Muette. Ni question ni enthousiasme, ni larme à l'œil, ni embrassade. J'étais tétanisée par le ton brutal de l'annonce. Je savais ma fille directe et cash, mais ce ton déclenchait des questions que je n'osais pas poser.

Contente ? Et son compagnon ?

Je dois avouer que j'ai redouté un « Ce n'est pas le moment », dissipé fort heureusement par un « J'ai faim et t'as rien dans ton frigo que je peux manger. » Eh oui, ma chérie : privée de sushis, d'huîtres et, pire, de camembert, livarot et pont-l'évêque (en Normandie, c'est un comble) pour cause de toxoplasmose.

Oserai-je lui demander comment elle se porte ? Elle me répondra qu'elle se sent enceinte et qu'elle en a tous les symptômes. Cette grossesse annoncée n'a pas un mois, mais elle est affamée et se déchaîne sur andouilles, hot dogs et bagels.

J'apprendrai qu'elle se savait enceinte dès un retard de deux jours, que c'eût été mieux que ce soit pour août, comme si on choisissait (ah, ma fille... je voulais des enfants de mars... tu es née en mai, ton frère en septembre).

Alors, comment est-ce que je vis la grossesse de ma fille ?

Je la savoure comme un bonbon à la menthe rafraîchissant ou un macaron, seule au volant, dans ma chambre le soir, sur « ma » plage, je l'ai proclamée à la Terre entière (après trois mois, avant c'était interdit...) et à la question : « Comment vas-tu ? », je réponds juste : « Ma fille est enceinte. »

Oui, je la savoure, non parce que je vais être grand-mère, mais parce que mon Élodie va être maman. Je la savoure d'autant plus que j'avais fait une croix sur cette idée avec le sentiment qu'une grossesse ne rentrait pas dans son parcours. Je ne l'interrogeais jamais sur ce point par pudeur et pour ne pas interférer dans sa vie. Elle aurait eu le droit de mener une vie sans enfant, mais je redoutais qu'elle le regrette plus tard. Une fois le temps dépassé.

Je la savoure encore à deux semaines du terme et avec la même intensité, mais je n'ai pas fait que savourer... j'ai redoublé d'inquiétude sur tout. J'ai vécu les trois premiers mois dans l'angoisse d'une fausse couche (confortée par la gynécologue directe : « Vous avez encore 3 semaines pour le perdre ! »). À l'échographie de septembre, je découvrais la « crevette ». Sur les clichés de la deuxième écho, je trouvais une ressemblance avec le Papa que j'oserai exprimer. La Crevette devenait l'Ourson.

Et j'ai photographié autant que j'ai pu ! Les mains sur le ventre, de profil sur son coussin de femme enceinte. Précieux : le ventre nu les dernières semaines avec la permission de ma fille.

Ma fille est prête. Aménagement de la chambre, décoration, matériel, nurserie et valise pour la maternité récemment préparée à la suite d'une alerte il y a une semaine, inscription à la crèche.

Prénom arrêté. Ce prénom sous embargo, même pour moi.

Moi aussi je suis prête. « Le fait d'avoir mis au monde une mère qui a enfanté suscite une fierté, un rayonnement qui porte à la grandeur*. »

Je suis prête... encore des inquiétudes sur l'accouchement, la péridurale, mais je suis en pensée avec l'Ourson.

« Devenir grand-mère au sens propre du terme c'est comme tomber amoureuse et la naissance des petits-enfants peut faire défaillir une aînée*. »

Élodie va être maman. Et moi, l'Ourson, je t'attends depuis longtemps.

NDLR avril 2014 – Aux dernières nouvelles, le jour de Pâques, Élodie a mis au monde un beau bébé de 3,600 kg prénommé Lillian. La mère et l'enfant se portent bien et la grand-mère dort enfin sur ses deux oreilles, mais l'appareil photo veille !

* Citations de Clarissa Pinkola Estès, extraites de son livre *La Danse des grands-mères* (Grasset, 2007).

Anecdotes sur l'annonce, la grossesse… les grands moments avant la naissance !

acte 6

Le grand jour arrive souvent la nuit !

Ouverture

Pas de panique, s'il vous plaît ! Depuis 9 mois vous savez que cela va arriver, alors restez calme. Oui elle va accoucher, oui elle a des contractions, oui elle est en route pour la clinique et oui, dans quelques heures Bébé sera là.

SCÈNE 1
En route !

Faut-il vous ruer à la maternité en laissant votre maison ouverte à tous les vents et en roulant à 150 km/h ? Mieux vaut répondre non, parce que cette naissance appartient prioritairement au jeune couple et qu'une grand-mère débutante n'a pas de place véritable dans ce moment intense, sauf bien sûr s'il était convenu au préalable qu'elle viendrait tenir la main de sa fille ou réconforter son fils vert d'angoisse.

En ravalant votre impatience, que dis-je, votre exaltation, attendez sagement le coup de fil libérateur vous annonçant d'un coup :

1/ que le bébé est né

2/ que c'est une fille ou un garçon

3/ qu'il/elle pèse x kg

4/ que la maman va bien

5/ et enfin qu'il s'appelle Alceste ou qu'elle se prénomme Iphigénie. Pas de commentaire : seul est autorisé un petit « Ah tiens, je n'y aurais pas pensé ! »

Ce n'est qu'après que vous pourrez boire cul sec un verre de porto puis filer à bride abattue découvrir enfin celui ou celle qui est et sera pour toujours votre premier petit-enfant, votre plus beau cadeau !

SCÈNE 2
Votre premier rendez-vous…

Vous pleurez, vous bafouillez, vous tremblez d'émotion, votre voix devient murmure et vous osez à peine effleurer la menotte de votre premier petit-enfant jusqu'à ce que la jeune maman vous le tende et que vous le preniez dans vos bras avec d'infinies précautions pour déposer un léger baiser sur son si petit front. Après, et seulement après, vous pensez à partager votre joie avec le couple sur la plus haute marche du bonheur et à le serrer dans vos bras avec la gratitude et l'émotion réservées aux grands moments de la vie. Vos premiers gestes de grand-mère ne sont qu'effleurements et délicatesse tandis que votre cœur se remplit d'émerveillement pour ce parfait miracle. Vous comptez ses petits doigts, examinez ses oreilles, son nez, et malgré son minois tout chiffonné vous devinez sa future beauté. Mais, au fait, à qui ressemble ce bébé ?

LE «JEU DES RESSEMBLANCES

Bien sûr vous allez épier le premier signe de la moindre ressemblance familiale et c'est tout naturel. Quelle grand-mère rêverait d'un petit-fils ou d'une petite-fille qui basculerait dès la naissance du côté de l'autre famille et n'afficherait pas d'emblée ce qui fait la fierté de la sienne ? À savoir :

- Les yeux de sa maman
- Le nez de son papa
- La bouche de son grand-père
- Votre menton, vos mains, votre front
- Et tout ce qui prouve que la petite graine a bien germé sur la plus haute branche de votre arbre généalogique !

Autant vous prévenir tout de suite : ça se joue en principe à 50-50, mais si ça bascule trop en votre défaveur, à 90-10 par exemple, vous allez mal le prendre. Rassurez-vous, c'est biologiquement impossible, car si à première vue le petit Schtroumpf à bonnet rose ou bleu n'a rien de vous, les ressemblances apparaîtront plus tard, notamment sur le plan de sa personnalité, de ses goûts et, un jour, vous serez fière de pouvoir déclarer : « C'est fou, cet enfant, c'est mon portrait craché ! »

➔ À qui ressemble votre petit-enfant en ce qui concerne...

- Les yeux
- La bouche
- Le nez
- Le menton
- Les mains
- Le sourire
- ....
- ....
- ....
- ....
- ....

LE CADEAU DE NAISSANCE

Hors de question pour vous de débarquer en un si beau jour à la maternité autrement que les bras chargés de cadeaux. Eh bien, vous avez tort. Laissez à tous les cousins, cousines et amis le plaisir de gaspiller leur argent dans une profusion de gadgets et de peluches. Oubliez, quant à vous, les bavoirs brodés main, les couverts, timbales et coquetiers en argent qui firent le bonheur des jeunes parents d'un autre temps mais qui sont aujourd'hui complètement démodés.

Concentrez-vous plutôt sur le cadeau le plus précieux d'entre tous : du répit pour les nouveaux parents qui ne savent pas encore à quel point les premières semaines vont les épuiser.

Vous avez le choix entre :

- Le cadeau d'une nuit par semaine où vous prendrez votre tour de garde du bébé pour leur offrir une grasse matinée.
- Le cadeau d'une garde d'une semaine pour leur permettre de partir récupérer en amoureux.
- Le cadeau (cher mais inestimable) d'une semaine de thalassothérapie postnatale pour la jeune maman qui vous en sera éternellement reconnaissante.

➔ Une idée des tarifs dans un centre de thalasso en bord de mer en France :

- Programme 6 jours jeune maman sans hébergement : 870 €.
- Programme 6 jours jeune maman + chambre double + demi-pension : à partir de 1 470 €.

Mais comme vous ne pourrez pas vous empêcher, malgré mes conseils, d'offrir une jolie attention, voici quelques idées d'exception :

- Le thème astral du bébé : www.astralys.fr – www.secretsdetoiles.com
- Une étoile à son nom : www.acheteruneetoile.org
- Un bouquet de fleurs en chocolat : *La fleuriste du chocolat* – 0 145 258 857 (uniquement à Paris malheureusement) ou www.atelierduchocolat.fr
- Le journal numérique de sa naissance : www.infonaissance.com
- Le journal télévisé du jour de sa naissance : www.dailymotion.com/sas/jtn
- Un mini-spa de massage pour bébé : *Nature & découvertes* (livre + huile + éponge)
- Un louis d'or ou une pièce en argent
- Une bouteille à la mer contenant son faire-part de naissance

VOS IDÉES

....

....

....

....

....

....

....

Et pour épater tout le monde…

Puisqu'il n'y a pas de mal à se faire du bien, offrez-vous votre premier succès de Mamie débutante en arrivant à la clinique avec la meilleure information qui soit : le futur caractère du bébé selon son signe astrologique !

Encore plus fort : le faire imprimer sur un minuscule tee-shirt, ou l'inscrire dans son livre de naissance.

BÉLIER (21 mars – 20 avril)

Passionné, vif, indépendant, agressif, énergique, courageux, égocentrique : il se distingue par son audace, sa volonté et sa force. Le bébé Bélier est vif et plein d'énergie, plutôt impulsif et casse-cou. Il est particulièrement actif et a tendance à foncer « la tête la première », parfois au sens propre du terme. Il risque d'accumuler les bosses et les bleus. Passionné et convaincu, il aime prendre des initiatives et jouer les chefs, attendant de ses camarades de jeux qu'ils le reconnaissent comme tel.

TAUREAU (21 avril – 21 mai)

Passif, coopératif, créatif, équilibré, gracieux, affectueux, raisonnable, complaisant, résistant, sociable. Le bébé Taureau est matérialiste et sensuel, il aime ce qu'il peut posséder, goûter, toucher et essayer. C'est pourquoi il est très habile de ses mains, il aime produire des choses qui peuvent être vues et appréciées. Il n'apprécie pas beaucoup les changements car la routine lui procure un sentiment de sécurité. Il est affectueux et généreux.

GÉMEAUX (22 mai – 21 juin)

Rapide, bavard, intelligent, spirituel, habile, logique, adaptable. Le bébé Gémeaux se distingue par son don naturel pour la communication. Il adore la variété. Tel un papillon, il trouve sa prochaine activité toujours beaucoup plus intéressante que celle qu'il est en train de faire. Il peut se transformer en un bruyant moulin à paroles, épuisant tellement il regorge d'énergie ; il bouge vite. Comme il ne maintient pas facilement son attention, il s'ennuie donc rapidement.

CANCER (22 juin – 23 juillet)

Protecteur, affectueux, gentil, plein d'attention, expressif, compréhensif ; aime les habitudes. Le bébé Cancer est sensible et son apprentissage passe essentiellement par les émotions. Il apprendra d'autant mieux qu'il se sentira bien avec son « professeur » et que le sujet l'intéressera. S'il communique facilement avec les autres, il éprouve aussi un grand besoin de sécurité, que doit lui assurer sa famille, et apprécie la routine. Il disparaît vite dans sa coquille s'il ne se sent pas en sécurité. Il est généreux et cherche à aider les autres.

LION (24 juillet – 23 août)

Enthousiaste, émouvant, romantique, énergique, généreux, courageux, passionné. Le bébé Lion ne craint pas d'être lui-même et aime montrer aux autres à quel point il est bon. Sa formidable énergie fait de lui un artiste qui adore être mis en vedette. Vif et généreux, il a un profond besoin de reconnaissance, il est créatif et aime en faire profiter les autres. Le Lion est un ami loyal et un champion ; quoi qu'il fasse, il le fait avec tout son cœur.

VIERGE (24 août – 23 septembre)

Intelligent, efficace, critique, méticuleux, précis, méthodique, consciencieux et modeste. Le bébé Vierge est minutieux ; son sens du détail est intéressant mais il faut lui apprendre ce qui est important. Il aime la propreté et l'ordre. Ses capacités de discernement peuvent en faire un enfant difficile sur la nourriture. Il adore faire plaisir et vit très mal d'être rejeté. Il est curieux et s'intéresse à tout, toujours prêt à s'investir à fond dans le processus d'apprentissage.

BALANCE (24 septembre – 23 octobre)

Esthète, affectueux, coopératif, équilibré, juste, sociable, aime l'équité. L'enfant Balance aime ce qui est beau et apprécie le confort. Il joue souvent les conciliateurs et les intermédiaires, incapable de supporter la discorde et l'inégalité. Il fait tout son possible pour satisfaire tout le monde, ce qui le fait parfois paraître indécis. Il est juste, honnête et ne blesse jamais quelqu'un s'il peut l'éviter, mais il peut avoir de la suite dans les idées. Il adore la sécurité et la compagnie des autres ; c'est un ami loyal et un champion.

SCORPION (24 octobre – 22 novembre)

Plein de ressources, manipulateur, secret, loyal, sensible, mystérieux, passionné, capacité d'analyse. Les émotions du bébé Scorpion sont profondes et cachées. Elles resteront à jamais gravées dans sa mémoire, avant tout émotionnelle. C'est un enfant secret qui réfléchit beaucoup. Pour lui, c'est tout ou rien, il n'y a pas de demi-mesure. Il se méfie parfois de ceux qu'il ne connaît pas, mais lorsqu'il s'engage, c'est sur le long terme et il en attend autant des autres.

SAGITTAIRE (23 novembre – 21 décembre)

Optimiste, attend beaucoup des autres, agréable, généreux, indulgent, juste, libre, philosophe, espiègle et énergique. Le petit Sagittaire est turbulent et débordant d'énergie. Il va droit au but mais ne récolte pas toujours les fruits de sa persévérance. Il est gai et optimiste, attendant parfois trop des autres. Généreux avec ses amis, il partage sans compter. Il est courageux et adore explorer dans tous les sens du terme. Sa tendance à trop manger peut être compensée par son amour du sport.

CAPRICORNE (22 décembre – 20 janvier)

Ordonné, engagé, tenace, attentionné, soigneux, déterminé, responsable, sérieux et méticuleux. L'enfant Capricorne est très sérieux : une vieille tête sur de jeunes épaules, pour reprendre le proverbe anglais. Tenace, il ne ménage pas ses efforts pour atteindre ses objectifs. Il est ambitieux et ne craint pas de travailler dur. Sa pensée est bien structurée ; son imagination et son optimisme, s'ils sont encouragés, favoriseront sa réussite à l'école. Il aime qu'on l'apprécie et qu'on le soutienne dans ses efforts.

VERSEAU (21 janvier – 19 février)

Individualiste, original, excentrique, extrême, rebelle, impertinent, aime les expériences, fantasque, perturbateur, innovateur, indépendant. L'enfant Verseau est un véritable original. C'est un innovateur né et il ne cherchera pas à imiter quiconque. Absorbant rapidement et énergiquement les informations, il appréciera un programme d'apprentissage moins strict. Il apprend souvent plus vite que ses camarades, ce qui peut devenir frustrant. Il aime être considéré et apprécié pour ce qu'il est capable de faire tout seul. Il accorde une grande importance à sa liberté et son indépendance.

POISSON (20 février – 20 mars)

Imaginatif, affectueux, aimant, sens du sacrifice, rêveur, mystique, compatissant, intuitif, expressif. Le petit Poisson s'intéresse à ceux qui l'entourent et se met volontiers à leur service. Il est gentil, affectueux et s'identifie facilement aux autres. Certains individus n'hésiteront pas à en profiter. Son imagination fonctionne en surrégime, ce qui peut donner de remarquables productions artistiques. Il aime raconter des histoires, c'est un rêveur et un visionnaire. Si la musique et les arts nourrissent son appétit sensuel, son romantisme peut aussi le faire revenir sur terre de temps en temps.

→ Notes

acte
7

Les 3 premiers mois : vos premiers pas à vous !

Ouverture

Voici venu le moment de faire preuve de sang-froid et de démontrer que vous êtes indispensable dans votre rôle de grand-mère, car si les jeunes parents ne contestent pas votre statut, ils ne seront pas toujours convaincus de votre utilité (si, si, vous verrez !).

SCÈNE 1
Sortie de clinique : panique à bord pour tout l'équipage !

Souvenez-vous de votre retour de clinique à vous, lorsque vous teniez farouchement votre bébé emmitouflé dans vos bras, soudain consciente de l'écrasante responsabilité qui vous échouait…

Dites-vous que rien n'a changé et que de la sortie duveteuse de la maternité à l'arrivée dans le petit nid familial, les affolements, les questions et les imprévus sont toujours d'actualité. S'il est une étape durant laquelle votre expérience et votre sang-froid vont être utiles, c'est bien celle-ci ! Bébé Ier pleure, régurgite, ne finit pas son biberon, a l'air affamé, a la diarrhée, est constipé, a des nuits agitées, a de la fièvre, est tout rouge ou tout jaune, a le hoquet, les fesses irritées, des petits boutons, le nez qui coule, des petites croûtes sur la tête, se tortille dans tous les sens comme s'il avait mal au ventre, n'aime pas qu'on le couche, n'aime pas être dans le noir, n'aime pas qu'on lui mette des gouttes… bref, se comporte comme tous les nouveau-nés du monde. À vous, Mamie débutante, de dispenser vos précieux conseils. Vous êtes prévenue : c'est du boulot !

Voici de quoi vous donner l'air d'une Mamie pas si débutante que ça lorsque la jeune maman ou le jeune papa vous appellera à toute heure du jour ou de la nuit.

BÉBÉ Ier PLEURE

Un bébé pleure entre 1 et 3 heures par jour. C'est sa façon de prévenir de son mécontentement. Il peut avoir faim, chaud, froid, détester sa couche sale, ou juste avoir envie d'un bon petit câlin. Le temps n'est plus du tout au « dressage » qui consistait à le laisser pleurer pendant des heures. Maintenant, on le prend, on le berce, on le promène et on le masse.

BÉBÉ Ier NE FINIT PAS SES REPAS

Allaité ou nourri, c'est Bébé qui décide, et lorsqu'il est repu vous ne lui ferez pas avaler une goutte de plus. En revanche, il fera savoir qu'il a faim... Inutile de le réveiller pour lui donner le sein ou le biberon, et s'il réclame la nuit, inutile également de surdoser ou de retarder la dernière tétée du soir, car cela ne changera rien au fait qu'il fasse ou non ses nuits.

BÉBÉ Ier A L'AIR AFFAMÉ

Avant tout, s'il est au biberon, il faut vérifier les doses et si tout va bien de ce côté, voir avec le pédiatre s'il ne convient pas de le complémenter avec un lait de satiété. S'il est allaité, le mieux est de le laisser téter jusqu'à plus soif, il se régulera de lui-même !

BÉBÉ Ier RÉGURGITE

Énormément de bébés ont du reflux durant leurs premiers mois et il existe des solutions pour l'éviter. D'abord, l'utilisation d'un lait anti-reflux et d'une tétine adaptée. Ensuite, éviter la formation de grumeaux dans le biberon, maintenir le bébé droit et au calme après la tétée, et si le problème persiste, demander au pédiatre un pansement intestinal antireflux.

BÉBÉ Ier EST CONSTIPÉ

Il est très rare qu'un nouveau-né nourri exclusivement au lait maternel soit constipé. La constipation, qui se caractérise par des selles dures striées de sang, est plus courante chez les bébés nourris au biberon. Si cela se produit, il faut bouger ses petites jambes en mouvement de bicyclette, lui donner de l'eau ou du jus de prune dilué, mais en parler au pédiatre d'abord.

BÉBÉ Ier A LA DIARRHÉE

Selles très molles et liquides, accompagnées parfois de vomissements indiquant une diarrhée souvent causée par une infection bactérienne, une infection virale ou une intolérance alimentaire. Si le bébé vomit, il faut essayer de le nourrir plus souvent, mais en lui donnant de plus petites quantités. S'il est allaité, il faut diminuer le temps de chaque tétée. Afin d'éviter la déshydratation, lui donner une solution d'électrolytes entre les tétées. Si le problème persiste, consulter le pédiatre.

BÉBÉ Ier A DES NUITS AGITÉES ET LES PARENTS AUSSI...

Endormissement difficile, nuits en pointillé, réveil aux aurores... Les premières semaines avec un nouveau-né sont rarement de tout repos et jusqu'à 1 an, un bébé sur quatre continue à s'éveiller une ou plusieurs fois par nuit. Pour « essayer » de favoriser des nuits complètes, il s'agit de lui apprendre petit à petit à différencier le jour de la nuit en créant une demi-obscurité dans sa chambre alors qu'il aura été à la lumière durant la journée. S'il a coutume de hurler en fin de journée, ce qui est extrêmement fréquent, lui donner un bon petit bain chaud, le mettre sur le ventre, le câliner et le masser en silence. Surtout pas de biberon ni de jouets, car cela achèverait de l'énerver ! Il paraît que si les pleurs persistent, il faut le laisser seul dans sa chambre sombre en lui donnant ainsi la possibilité de s'apaiser seul... oui, bon, mais alors là, il faut avoir les nerfs solides ou un cœur de pierre !

BÉBÉ Ier A DE LA FIÈVRE

On parle de fièvre à partir de 37,8 °C. Il faut vérifier qu'il ne fait pas trop chaud dans la maison et aérer le cas échéant ; lui donner à boire régulièrement, le découvrir en le laissant en body et couche puis lui administrer l'antipyrétique conseillé par le pédiatre aux doses qu'il vous aura conseillées. Il est évident qu'à partir de 38,5 °C, il convient de passer à la vitesse supérieure en consultant le pédiatre ou en filant aux Urgences.

BÉBÉ Ier A DES ROUGEURS, DES DÉMANGEAISONS ET AUTRES...

Erythème fessier, acné du nouveau-né, eczéma, squames, croûtes, taches bleues, la liste des petits soucis dermatologiques est longue chez le nouveau-né mais ne justifie aucune inquiétude si l'on respecte une hygiène stricte associée à des traitements locaux adaptés.

BÉBÉ Ier EST TOUT JAUNE

Plus de la moitié des bébés se colorent en jaune à la naissance. C'est normal. Le foie qui commence à fonctionner a un peu de mal à évacuer toute la bilirubine, et a de plus une quantité importante d'hémoglobine à éliminer. Cette « jaunisse » appelée ictère physiologique ne dure pas plus de 8 jours et il n'y a rien à faire. Si l'ictère persiste au-delà, il faut consulter car il peut alors s'agir d'un ictère pathologique.

BÉBÉ Ier A LE HOQUET ET ÇA L'ÉNERVE

C'est normal et très fréquent chez les bébés. Une crise de hoquet peut durer jusqu'à 1 heure. Pour le calmer, il faut le prendre dans les bras, le promener et le bercer. Éventuellement, lui donner un peu d'eau pure ou sucrée.

BÉBÉ Ier A MAL AU VENTRE ET SE TORTILLE

Le pauvre petit chou a des coliques du nourrisson qui viennent le perturber généralement en fin de journée. Peu de choses à faire sinon le mettre en position verticale pour l'allaiter ou lui donner le biberon, puis, environ 1 heure avant que ne commencent ses crises et ses pleurs, massez-lui délicatement le ventre dans le sens des aiguilles d'une montre, les mains enduites de quelques gouttes de lait ou d'huile de massage à température ambiante en évitant impérativement d'effectuer ces massages en cours de digestion.

Autre truc : faites fondre 1/2 cuillerée à café de sucre en poudre dans 20 ml d'eau que vous faites bouillir avant de laisser refroidir. Prélevez une partie de cette solution sucrée dans une seringue achetée à la pharmacie, que vous glissez sur le côté de la bouche du bébé pour lui faire téter.

BÉBÉ Ier N'AIME PAS QU'ON LE COUCHE !

Ben, tu penses... il a vite compris que dodo signifie Papa et Maman ailleurs et lui tout seul dans son berceau. Il faut donc le préparer calmement à la transition grâce à des rituels tels que le doudou, le mobile, la veilleuse, la petite musique, la berceuse, les mots doux. Très vite, ces petites douceurs le rassureront et il ne redoutera plus sa solitude nocturne. Ah, autre chose : après avoir décrété qu'il fallait les coucher sur le ventre, puis sur le côté, aujourd'hui la Faculté déclare qu'il faut impérativement coucher les bébés sur le dos… Voyez avec le pédiatre, mais demandez aussi à Bébé ce qu'il préfère !

SCÈNE 2
Le calme après les tempêtes

Il faut en réalité assez peu de temps à des jeunes parents pour apprendre à tenir leur rôle et à maîtriser la situation. Quelques jours suffiront à les apaiser, et une fois vous-même délivrée du stress postclinique, votre rôle de Mamie entrera dans la phase dite « phase gâteuse », où vous allez pouvoir vous lâcher en areu-areu, câlinous et bisous, mais suivez bien ce conseil : de nos jours, et dès les premiers instants, il va falloir insister auprès des parents pour être présente aussi souvent que possible dans des moments tels que le bain, la tétée, la promenade.

Pourquoi ? Parce que la naissance passée, les parents sont dans leur bulle et ne pensent pas que vous pouvez avoir déjà envie et besoin, vous aussi, de partager des moments avec votre petit-enfant. Ils ne le font pas méchamment, c'est juste que, tout à leur bonheur, ils n'y pensent pas. Sans être envahissante, et bien sûr sans débarquer à n'importe quel moment, faites néanmoins savoir que vous désirez suivre l'évolution du bébé.

De toute façon, chère Mamie débutante, sachez que désormais, et jusqu'à son adolescence, vous allez devoir souvent « réclamer » la présence, la venue, la visite, le séjour du petit ou de la petite ! Ces instants privilégiés ne sont pas un acquis et se gagnent farouchement car, lorsque les deux parents travaillent, eux aussi revendiquent les heures passées avec leur enfant. Ce n'est donc qu'un début auquel il va falloir vous accoutumer.

SCÈNE 3
Cheftaine, pompier, providence ou fée, quelle Mamie allez-vous être ?

C'est dès aujourd'hui que la question se pose ! Maintenant Bébé est là, vous le bercez dans vos bras et c'est à vous qu'il vient de faire son premier sourire, du moins vous semble-t-il...

La vocation de grand-mère telle qu'elle était illustrée autrefois à coup de clichés vieillots n'est plus de mise et il convient de parler aujourd'hui de son rôle et de ses apports dans la vie de l'enfant. À l'impossible nulle n'est tenue, et comme nous l'avons dit précédemment, la grand-mère parfaite n'existe pas. Elle fait juste de son mieux en fonction de sa personnalité, de son mode de vie et de sa vision de l'enfance pour donner autant qu'elle le peut.

LE JEU DES MAMIE-QUOI ?

Petite récréation pour vous amuser à vous reconnaître (ou pas, si vous êtes l'inclassable de service...) dans l'une des typologies établies par le site www.lesgrandsparents.com.

- **La Mamie providence :** elle a placé sa vie au service des autres et en particulier de ses enfants et petits-enfants ; elle fait peu de cas de ses propres besoins, dépense sans compter ses forces et ses moyens, tout en étant discrète, soucieuse de ne pas empiéter sur l'autonomie des jeunes parents. Elle suit la règle d'or édictée par Françoise Dolto : « Être là quand on a besoin d'elle, ne pas être là quand on n'en a pas besoin. » Dévouée, méritante, admirable, elle n'est pas rare parmi les grands-mères actuelles.
- **La Mamie pompier :** variante de la grand-mère providence, complètement disponible pour ses enfants et petits-enfants, elle arrive en courant quand il y a un problème et prend en main la maison. Elle est très efficace dans le domaine des travaux domestiques. Quand elle repart, les boutons sont recousus, le sol est lavé, le linge est repassé, les enfants sont parfaitement propres. C'est une vraie tornade blanche. Généralement, elle ne travaille pas et

adore s'occuper de ses petits-enfants. Perfectionniste, elle a besoin d'être réassurée, qu'on lui confirme que ce qu'elle fait est bien.

- **La Mamie cheftaine :** dynamique, enthousiaste, elle rêve d'avoir plein de petits-enfants, de faire avec eux du ski, de grandes randonnées, des pique-niques, de les emmener en expédition, les promener dans le désert, à dos de chameau... Elle aime entraîner ses petits-enfants en groupe dans des découvertes de toutes sortes, que ce soit dans la nature ou dans des lieux propices à des apprentissages, qu'il s'agisse d'art, de science ou de culture.
- **La Mamie fée :** elle donne libre cours à sa fantaisie et enchante en permanence ses petits-enfants en les emmenant, telle Mary Poppins, dans des voyages aux pays merveilleux de la créativité. Elle vit pleinement et activement avec eux dans le monde magique de l'enfance, partage leurs jeux et se fait complice de leurs petits secrets.
- **La Mamie je-sais-tout :** dotée d'une forte présence, elle est plus appréciée de ses petits-enfants que de ses filles, et surtout de ses belles-filles. Elle sait généralement mieux que celles-ci comment soigner un enfant ou ce qu'il convient de lui donner à manger. Bien sûr, elle cuisine comme personne. Sa méthode d'éducation est la meilleure, du moins en est-elle convaincue. De plus, si elle considère à juste titre que le petit-enfant a besoin d'elle, elle peut parfois oublier qu'il est aussi l'enfant de sa mère. Ces matriarches sont mieux acceptées par les enfants de leurs filles que de leurs fils. Quant aux belles-filles, elles sont généralement très réfractaires à ce style de grand-mère et de sérieux risques de conflits et d'éloignement peuvent en découler.
- **La Mamie mère adjointe :** la grand-mère qui joue un rôle de « mère adjointe », voire dans certains cas de substitut maternel, a auprès des petits-enfants des fonctions éducatives du même ordre que celles des parents. Elle y est le plus souvent conduite par les circonstances (divorce, indisponibilité des parents...). À la différence de la matriarche, dont le style découle du caractère, la mère adjointe n'a pas toujours choisie d'être aussi impliquée dans l'éducation de ses petits-enfants et subit cette situation, même quand elle l'assume de bon cœur et en retire de réelles gratifications. Cette situation est délicate à gérer.

- **La Mamie en pointillé :** elle cherche la « bonne distance ». Ni trop proche, ni trop lointaine, sans toujours parvenir à la trouver : « Si on a besoin de moi, je suis là. Si on n'a pas besoin de moi, je suis contente ! Je peux aller faire autre chose. » Le plus souvent, elle n'est pas aussi présente qu'elle le souhaiterait, soit parce qu'elle habite loin des petits-enfants, soit parce qu'elle est très occupée par son travail ou de multiples activités, soit encore parce qu'il est peu souhaitable (ou possible) qu'elle voit plus souvent ses petits-enfants (présence de l'autre lignée, organisation de la vie du jeune couple, de la garde des enfants...). Malgré la distance, elle établit une relation affective forte avec eux par des contacts réguliers (via le courrier, le téléphone ou Internet) ou par l'intensité des moments passés avec eux. Elle ne sait pas toujours spontanément quelles activités privilégier, elle cherche un peu pour inventer son rôle, lui donner un contenu, elle s'informe autour d'elle, multiplie les cadeaux et jouets... Le lien se construit peu à peu, et les petits contribuent largement à le façonner.
- **La Mamie reine mère :** ces grands-mères lointaines communiquent peu mais occupent leur place dans la famille. Elles sont présentées aux petits-enfants soit comme des personnages mythiques, soit comme des personnages distants. Ces styles appartiennent plutôt au passé, mais on les trouve encore aujourd'hui dans certaines familles un peu traditionnelles, ou dans les cultures où se maintiennent des modèles formels de grand-parentalité. Ces grands-mères ont peu d'échanges avec leurs petits-enfants, sauf sur un mode conventionnel, et ne cherchent pas à établir de relation personnelle avec eux. Elles restent néanmoins présentes dans le cercle familial.
- **La Mamie pas prête du tout :** certaines femmes n'hésitent pas à affirmer qu'elles ne sont pas prêtes à être grands-mères. Prenant délibérément leurs distances, elles ne veulent pas s'occuper de leurs petits-enfants. Elles considèrent qu'elles en ont terminé avec cette responsabilité, maintenant que leurs propres enfants sont élevés. Elles ont le sentiment du devoir accompli, veulent avoir du temps pour elles-mêmes afin de se consacrer à leur vie propre et à leur conjoint. Certaines femmes ne répondront pas « présente » à la naissance du tout-petit et à la demande d'aide de ses parents. Elles préféreront jouir de leur maturité de femme. Il faut dire que l'arrivée du petit-enfant fait changer « visiblement » les femmes de génération et de statut.

Vous ne vous êtes identifiée dans aucune de ces descriptions ? Eh bien, bravo, c'est que vous êtes l'inclassable de service, la rigolote, l'excentrique, l'excessive, capable du pire comme du meilleur (mais surtout du meilleur) pour offrir à votre petit-enfant toutes les richesses que vous recelez et qui lui fabriqueront d'extraordinaires souvenirs pour plus tard, quand il sera grand et que peut-être vous ne serez plus.

➔ Le Mamie journal

En matière de souvenirs, il faut aussi penser aux vôtres parce que le temps passe très vite et que chaque jour de la jeune vie du bébé offre de nouvelles surprises et de nouveaux émerveillements. Si vous voulez ne jamais oublier ces moments pourtant inoubliables, il est urgent de créer dès maintenant votre journal intime de Mamie.

Achetez un gros cahier ou un classeur, recouvrez-le de tissu pour qu'il reste longtemps joli à regarder, puis commencez à écrire comme si vous racontiez une histoire, sauf qu'il s'agit de la vôtre et celle de Bébé Ier. Consignez chaque événement, chaque plaisir, illustrez de photos ou de dessins, datez – c'est important pour vous y retrouver –, puis enrubannez le tout de commentaires et de mots tendres en pensant à son émotion lorsque, plus tard, il l'aura entre les mains, car ce journal restera à tout jamais le témoin de votre histoire d'amour à tous les deux. Astreignez-vous à le tenir aussi régulièrement que possible, et même si tout le monde se moque de vous quand vous dites : « Attention, le petit oiseau va sortir ! », flashez autant qu'il vous plaira pour tirer de véritables photos sur papier et non pas ces photos numériques qui s'accumulent dans l'ordinateur et que l'on ne regarde plus.

Pour ce carnet si personnel, rien ne vaut un vrai journal en vrai papier avec un vrai stylo pour le feuilleter blottis l'un contre l'autre sur le canapé du salon, tout en piochant à tour de rôle dans la boîte à biscuits.

Vos idées pour créer et organiser votre Mamie journal !

....

....

....

....

....

....

....

....

....

....

....

....

....

....

....

....

....

....

....

....

....

....

....

....

acte 8

3 mois et déjà grand-mère pour de vrai !

Ouverture

Il n'y a presque plus rien de commun entre le nouveau-né tout froissé d'il y a 3 mois et le ravissant poupon qui gazouille, ouvre grand ses yeux et fait de vraies risettes. Il n'y a presque plus rien de commun non plus entre la grand-mère débutante qui marchait à pas feutrés dans la chambre de la maternité, osant à peine prendre le bébé dans ses bras, et la Mamie rayonnante et sûre de ses gestes que vous êtes devenue.

SCÈNE 1
Fais risette à Mamie !

Si vous habitez à proximité et que vous le voyez régulièrement, il commence à vous reconnaître, vous et votre voix. Il adore quand vous jouez avec lui au hochet, quand vous lui faites des chatouilles, et ses rires vous comblent de bonheur. S'il est éloigné de vous et que vous le voyez plus rarement, même si cela vous attriste un peu, ne vous désolez pas. Il aura vite fait de vous installer en bonne place dans sa mémoire et, très bientôt, vous manifestera son plaisir de vous voir et de vous entendre par des signes d'agitation significatifs.

SKYPE POUR LE AREU-AREU QUOTIDIEN

Si on vous avait dit, il y a seulement 15 ans, qu'un jour votre bonheur passerait par un ordinateur, vous auriez éclaté de rire et répondu « ça m'étonnerait », parce que l'ordinateur n'était pas du tout votre tasse de thé. Mais entre-temps, vous avez dû changer d'avis, pour des raisons professionnelles ou simplement pour rester dans la course. Vous avez rudement bien fait, car aujourd'hui, ce bon vieil ordi vous offre autant de fois que vous le voulez et où qu'il se trouve dans le monde la possibilité d'être en prise directe avec la vie de Bébé et de suivre en temps réel chacun de ses progrès grâce à Skype et à la Webcam ! Si vous ne voulez pas être trop intrusive, convenez avec les jeunes parents d'une heure de rendez-vous, puis asseyez-vous devant votre ordinateur, connectez-vous par Skype et reprenez votre rôle de Mamie là où vous l'avez laissé la veille, c'est-à-dire en plein délire gâteux, en signes débiles et en mots uniquement compréhensibles de vous et de Bébé que cela enchante autant que vous.

Franchement, vous auriez tort de vous priver de cela sous prétexte que vous n'y connaissez rien à l'informatique, et pour vous en convaincre, suivez attentivement le guide d'utilisation ci-après, élaboré et vulgarisé par Manoune, une Mamie picarde, pour faire un coucou quotidien à son petit Arman lyonnais.

➔ Témoignage de Manoune

« Lorsque mon premier petit-fils Arman est né, je savais déjà me servir d'un ordinateur que j'utilisais quotidiennement pour la gestion de notre exploitation agricole en Picardie. Je dois dire que je ne voyais en lui qu'un outil de travail. Ma fille Anne-Laure, installée à Lyon, m'a appris à me connecter à Skype dès sa sortie de clinique afin que je puisse suivre l'évolution du bébé et surtout pour m'en sentir plus proche. J'ai été aussitôt conquise par la simplicité d'utilisation, et surtout par le sentiment de ne plus être isolée puisque, jour après jour, je pouvais voir toutes les "nouveautés", m'attendrir comme il se doit, l'habituer à ma voix, à mon visage ainsi qu'à ceux de son Papy et de son Tonton Jeff lorsqu'ils rentraient suffisamment tôt pour lui faire un petit coucou. À 5 ans bientôt, Arman s'est attaché à nos petites conversations via l'ordi et c'est lui qui se connecte juste après son repas du soir. Entre-temps une nouvelle interlocutrice s'est jointe à nous puisque Alix, sa petite sœur, est née l'été dernier. »

Rien de plus simple que de se connecter à Skype sur votre ordinateur. Il suffit d'aller sur Google et de taper : « comment se connecter à Skype », puis de suivre le processus indiqué. Même moi j'ai réussi, c'est vous dire !

SCÈNE 2
Mais qui va garder Bébé Ier ?

La jeune maman a le cœur qui saigne à l'idée de reprendre son travail et d'abandonner cet enfant qu'elle couve nuit et jour depuis sa naissance car les congés de maternité ont malheureusement une fin et celle-ci se profile avec de plus en plus de précision.

MAIS QUI VA LE GARDER ?

Trois hypothèses sont envisageables. Soit l'inscription s'est faite en temps utile et une place l'attend miraculeusement à la crèche, soit la chasse à la nounou s'est ouverte depuis plusieurs semaines et la perle rare a été débusquée, soit rien de tout cela n'a fonctionné et, à l'immense soulagement des parents, c'est VOUS qui allez le garder, ceci n'étant rendu possible que si vous ne travaillez pas, que vous êtes retraitée, et surtout si vous en avez émis le profond désir. Il ne saurait en effet être question de vous imposer une tâche aussi rude si vous ne vous sentez pas en mesure de l'accomplir. Avant de vous lancer dans l'aventure il faut, en effet, que vous soyez totalement consentante et consciente du lourd engagement que cela implique !

Repas, changes, promenades, jeux, apprentissage, premiers pas, maladies, etc. ; c'est un job à plein-temps que vous acceptez, sans la moindre possibilité de démissionner et moins encore de récupérer des RTT !

➔ **Vous voulez un conseil ? Avant de donner votre réponse aux parents, répondez au questionnaire ci-dessous qui devrait vous aider à prendre votre décision, sachant qu'il suffit d'une seule case cochée pour être éliminée d'office.**

- ❑ Vous avez plus de 70 ans.
- ❑ Vous êtes de santé fragile.
- ❑ Vous avez mal aux jambes ou au dos.
- ❑ Vous adorez voyager et vous sentir libre.

- ❑ Vous refusez de vous lever tôt le matin.
- ❑ Vous êtes très engagée dans une association, une activité artistique, culturelle, sportive ou caritative.
- ❑ Vous avez déjà deux chiens, trois chats et un furet.
- ❑ Vous fumez comme un sapeur sans intention de vous arrêter.
- ❑ Vous buvez pas mal...
- ❑ En règle générale, vous n'aimez pas trop les bébés ni tout ce qui les concerne.

En revanche, si votre vœu le plus cher est bien de consacrer une grande partie du reste de votre vie à votre petit trésor, alors tout est magnifique et vous êtes comblée, sauf qu'il faut vous attendre à un coup sur la tête lorsque, devenu adolescent, il refusera, malgré tout l'amour qu'il vous témoigne en privé, que vous alliez le chercher à l'école, oubliera en quelques jours ce que vous avez mis des années à lui inculquer, s'exprimera dans une langue inconnue de vous et couvrira ses copains ou ses copines de bisous passionnés tandis qu'il négligera de vous dire bonjour et bonsoir. Oui, mais ça, c'est pas pour tout de suite... En attendant, profitez !

➔ Bon à savoir au cas où...

15 millions de grands-parents français assument 23 millions d'heures de baby-sitting par semaine.

Un site internet vient au secours des plus débordés ou exténués en proposant des aides baby-sitters pour grands-parents. Assez cher, il est vrai, mais peut s'avérer nécessaire de temps en temps.

Site : www.02.fr.

LA GARDE OCCASIONNELLE

S'il peut être lourd et difficile de garder son petit-enfant à temps complet, la garde occasionnelle est délectable. Un jour, une nuit, un week-end, quelques jours, il est à vous entièrement, sans le regard méfiant du papa et les 2 850 recommandations de la maman sur la meilleure façon de le nourrir, de l'endormir, de le baigner, etc. Peinarde enfin, vous pouvez faire comme bon vous semble et le dorloter tout votre saoul. Sachez quand même qu'en vous confiant la prunelle de leurs yeux, les parents souffrent, se sentent dépossédés et qu'il leur faudra de longs mois avant qu'ils vous le déposent le cœur léger, impatients de retrouver des amis ou de partir en week-end. Entre-temps, vous aurez gagné vos galons de grand-mère débutante « qui assure » et ça, c'est presque aussi bien que la médaille du Mérite !

Il ne serait pourtant pas complètement honnête de vous faire miroiter ces gardes occasionnelles sans vous avertir des embûches de la première d'entre elles, et pour qu'elle ne se transforme pas en saut de l'ange sans filet, lisez attentivement ce qui suit !

➔ D'abord, le matériel

Même pour quelques heures, un bébé ne voyage pas sans bagage et le moindre de ses déplacements ressemble à un véritable déménagement. Soit les parents débarquent chez vous, ployant sous le poids du strict nécessaire au grand complet, c'est-à-dire des sacs, des valisettes, un lit, une poussette, soit vous décidez une fois pour toutes de leur simplifier la tâche et d'assurer à domicile la « logistique d'accueil » qui servira à chaque garde.

À prévoir dans votre sweet home/nursery...

- 1 lit pliable ou à barreaux, 1 matelas, 1 alèse, 2 draps-housses
- 1 matelas à langer
- 1 réserve de couches
- 1 baignoire, 1 thermomètre, 1 éponge, et tout ce qu'il faut pour le laver et le bichonner après le bain : gel lavant, coton,

sérum physiologique, mouche-bébé, crème hydratante, brosse à cheveux et crème anti-érythème fessier

- 1 écoute-bébé

Ensuite, l'alimentation

Il est à peu près certain que les parents viendront avec ce qu'il faut. Biberons, goupillons, lait en poudre, petits pots, couverts, biscuits, tout aura été soigneusement listé par la jeune maman. *Pourtant, si jamais – ô horreur –, il venait à manquer quelque chose, mieux vaut constituer votre propre petite provision à modifier en fonction de chaque âge du bébé.*

Enfin, les vêtements et les jouets

Depuis sa naissance, vous vous ruinez en petits vêtements plus craquants les uns que les autres, mais… vous êtes obligée de constater que vous ne voyez jamais Bébé les porter. Explication plausible : vos goûts ne sont apparemment pas les mêmes que ceux de ses parents. La garde occasionnelle vous offre l'occasion unique de vous lâcher et de l'habiller en noir, en violet, en kaki ou bêtement en rose ou en bleu, alors allez-y, « ils » n'en sauront rien ! Quant aux jouets, hormis le doudou qui ne doit jamais le quitter, et même s'il en a des tonnes chez vous, celui qu'il préfère est celui qu'on a oublié chez Papa et Maman. Débrouillez-vous avec ça…

Mais s'il est un accessoire avec lequel il ne faut pas plaisanter, c'est bien la seule, l'unique, l'irremplaçable TOTOTE à avoir sous la main en tout endroit, à tout moment, en plusieurs exemplaires de la même marque !

Voilà, vous êtes parée pour ce premier tour de chauffe qui ne se déroulera pas sans émotion ni stress, surtout si c'est justement à ce moment-là que Bébé fait une poussée de fièvre, a la diarrhée ou hurle toute la nuit. Surtout, gardez votre sang-froid et tenez les parents au courant afin qu'ils prennent les décisions nécessaires en cas de vrai souci. Mais une fois cette épreuve réussie, lorsque vous vous retrouverez épuisée mais heureuse dans le silence de votre salon, avachie sur le canapé, vous repenserez avec délice aux petits moments d'amour entre vous deux après le bain, le biberon ou le gros dodo et vous attendrez impatiemment le prochain mamie-sitting.

La feuille de route pour garder bébé

Notez ici toutes les consignes des parents (heure du bain, des repas et du coucher, menus, jouets à emporter en balade...) Bref, tout ce qui est utile et qui font l'objet de recommandation de la part des parents !

SCÈNE 3
Après 3 mois : Mamie débutante mais drôlement calée...

D'accord, c'est votre premier petit-enfant, mais ce n'est pas une raison pour ne pas être à la pointe de l'information en ce qui concerne sa santé et son bien-être. Depuis votre expérience de maman, il y a environ 20 ou 30 ans, la pédiatrie et la puériculture ont beaucoup évolué et vous avez peut-être besoin d'une petite remise à niveau pour épater la galerie, et aussi pour vous sentir dans le coup face à des pratiques qui pourraient vous déstabiliser.

SANTÉ DE BÉBÉ : QUELLES NOUVEAUTÉS DEPUIS L'AN 2000 ?

Précieuses informations communiquées par Florence Arnold-Richez, journaliste au magazine Parents.

Les vaccins

Depuis 2001, un nouveau vaccin pneumococcique, le Prévénar, est administré aux enfants de 2 mois à 2 ans. Il est tellement efficace pour la prévention des méningites à pneumocoques qu'il est officiellement remboursé depuis 2006.

Deux nouveaux vaccins antidiarrhées à rotavirus sont apparus mais ne sont pas encore remboursés.

Depuis 2005, la première dose de ROR (rougeole-oreillons-rubéole) est recommandée entre 9 mois et 12 mois pour les enfants gardés en collectivité.

S'il n'est plus obligatoire, le BCG, un moment contesté, est maintenu (par voie intradermique), mais il vaut mieux retarder l'injection au-delà de l'âge de 6 mois.

Les antibiotiques

À utiliser à juste raison pour ne pas risquer des résistances face à certaines bactéries. Par exemple, en cas d'angine, le médecin utilise désormais un test de diagnostic rapide (TDR) du streptocoque. S'il est négatif, cela signifie que l'angine n'est pas virale et donc, pas d'antibiotiques.

La commercialisation des pulvérisations nasales ou buccales contenant des antibiotiques pour le nez, la gorge et les bains de bouche a été définitivement arrêtée depuis le 30 septembre 2005.

Les otites ou angines bactériennes sont toujours traitées par antibiotiques mais les traitements ont tendance à être plus courts.

Les si douloureuses paracentèses sont beaucoup moins souvent pratiquées qu'avant, tout comme l'ablation des végétations et la pose des yoyos (aérateurs transtympaniques).

Les sirops de notre enfance ne sont plus les bienvenus. Ils empêchent l'enfant d'expulser les mucosités qu'il secrète en cas de rhume ou de bronchite et qui l'encombrent en cas de toux grasse. Quant aux antitussifs autrefois prescrits en cas de toux sèche, ils ont été retirés du marché car ceux qui étaient efficaces étaient potentiellement dangereux !

Le sacro-saint jus d'oranges est un mauvais ami pour diluer un médicament. Au même titre que le jus de pommes, il réduit l'absorption de certains médicaments et accroît la toxicité de certains autres. Seule l'eau doit être employée, et tant pis si bébé grimace.

Le reflux

Le reflux simple disparaît en général entre 12 et 18 mois et les pédiatres freinent l'absorption de médicaments tels le Prépulsid ou le Primpéran. Aujourd'hui, un lait pré-épaissi est généralement conseillé.

La diversification

Tout le monde est d'accord : avant 4 mois, un bébé n'a besoin que du lait de sa mère ou d'une préparation lactée 1er âge. S'il n'est pas allergique, il peut commencer à découvrir un légume ou un fruit nouveau par jour à partir de 4 mois, puis le jambon ou la viande blanche le mois suivant.

Après l'âge de 6 mois, il pourra déguster du poisson, du jaune d'œuf et des produits céréaliers. Bon appétit Baby !

La totote

Même si vous êtes contre à haute dose, sachez qu'une étude publiée dans une revue pédiatrique internationale en 2005 a déterminé que la sucette donnée au bébé au moment de son premier sommeil permettrait de réduire le risque de mort subite de 25 à 30 % car les mouvements de succion renforceraient les muscles de l'oropharynx.

Le bain

S'il est prétexte à de délicieux moments avec le bébé, le bain n'est pourtant pas obligatoire chaque soir. Les dermatologues préconisent même pas plus de deux à trois bains par semaine en cas de peau sèche ou de terrain atopique.

Les Coton-Tige sont à bannir car ils refoulent le cérumen au fond du conduit auditif, favorisant ainsi la formation de bouchons. En dosettes ou en spray, l'eau de mer est ce qui convient le mieux.

Son zizi

S'il n'est pas circoncis, son petit sexe ne doit être décalotté que lorsque la peau s'est assouplie dans l'eau du bain, par gestes lents, millimètre par millimètre pour dégager doucement le prépuce du gland. Attention aux décalottages brutaux qui lui font mal.

Ses promenades

En période hivernale, il n'est pas obligatoire de le sortir tous les jours, notamment dans les lieux publics et les transports en commun qui sont de véritables nids à virus. Il sera ainsi mieux protégé de la bronchiolite, cette affection respiratoire de plus en plus courante qui provoque des milliers d'hospitalisations chaque année et des kinésithérapies respiratoires qu'il n'aime pas du tout !

Son dodo : une histoire à dormir debout...

Aujourd'hui, c'est clair, le bébé dort sur le dos ! Mais avant ce retour à des fondamentaux que nous retrouvons depuis la nuit des temps dans les représentations de l'Enfant dans la crèche, les nuits du bébé ont été agitées par bien des controverses. En 1970, il faut le coucher sur le ventre ; en 1973, sur le côté ; cinq ans plus tard, c'est lui qui choisit ; en 1994, jamais sur le ventre, alors à nouveau sur le côté... Ce qui est sûr, c'est que de nos jours et de ses nuits, un bébé dort dans sa gigoteuse bien douillette, sur un matelas confortable et sans couverture ni couette.

Les trotteurs

Les youpalas sont dangereux et si, pour l'occasion, vous avez ressorti celui que vous conserviez au grenier, jetez-le car il peut être à l'origine de chutes, dans les escaliers le plus souvent, de traumatismes crâniens, de commotions et de fractures.

Les « trucs » tendance

Un nouveau courant prône l'utilisation des couches en tissu que vous avez bien connues ! Taratata, elles sont anti-hygiéniques et favoriseraient le retour des vrais érythèmes fessiers qui avaient complètement disparu grâce aux couches jetables.

Dans la veine ethnique, nous voyons apparaître le renouveau de l'emmaillotage, quasi médiéval qui entrave les bras et les jambes du bébé, l'empêchant de gigoter pendant son sommeil. Cela permettrait qu'il ne soit pas réveillé par ses mouvements réflexes. À vous de voir.

Les animaux de la maison

Deux théories s'opposent. Il y a ceux qui pensent qu'un chien ou un chat favorise les allergies et les autres qui, au contraire, affirment que vivre avec un animal à poils aide à renforcer son immunité contre les allergènes. Que faire alors ? Respecter des mesures de bon sens : ne pas laisser l'animal lécher le visage ou les mains du bébé, ne pas le faire dormir à proximité, ne pas mélanger les jouets du bébé et ceux de l'animal, vous laver les mains après avoir caressé Médor ou Minou et ne pas les laisser seuls ensemble. Mais, de grâce, n'abandonnez pas cruellement votre chien ou votre chat.

À vous de jouer

Maintenant que vous êtes au top de l'information et de la formation, à vous de faire en sorte que votre rôle de Mamie illumine votre vie tout autant que celle de l'enfant et de ses parents. Présente sans être omniprésente, joyeuse, aussi disponible que possible, vous êtes, ne l'oubliez jamais, l'une des structures fondamentales du petit enfant qui voit tout, entend tout et se construit grâce à vous aussi. Entourez-le de votre infinie tendresse et de cette lumière bienveillante qui irradie les femmes apaisées par les années (ben oui, quoi...). Les liens que vous tissez dès son plus jeune âge seront indestructibles et vous promettent, veinarde que vous êtes, de longues années d'amour partagé et de complicité.

Au fait, tenez-vous toujours assidûment votre journal de Mamie ? Méfiez-vous, tout passe vite, et si vous ne notez pas au fur et à mesure, vous allez oublier des tas d'événements capitaux. La preuve : vous vous apprêtez déjà à fêter son premier anniversaire !

Notes

acte
9

1 an déjà !
Votre rôle s'affirme et s'affine

Ouverture

Parions que, pour l'occasion, vous êtes allée chez le coiffeur et peut-être même vous êtes-vous offert cette petite robe qui vous faisait tellement envie ! Il faut dire que l'événement est de taille ; pensez donc, c'est aujourd'hui que vous allez fêter l'an I de Bébé Ier, et cette date revêt, dans la chronologie de votre vie, une importance équivalente à celles qui l'ont précédée dans votre cœur de jeune femme, puis de mère.

SCÈNE 1
Premier anniversaire, premiers mots, premiers pas dans la vie !

Longtemps, la photo de la famille réunie autour du gâteau surmonté de LA bougie trônera dans votre salon et chaque fois que vous la croiserez, vous sourirez avec attendrissement devant les yeux écarquillés de ce petit d'homme découvrant son premier feu tandis que tout le monde autour de lui et dans un même effort souffle pour l'éteindre !

Il y a désormais un véritable échange entre vous et lui qui vous comble de joie. Fini, les areu-areu. Désormais vous vous parlez comme des grands :

– *Alors, comment va mon petit trésor ?*

– *ta-ta-ta, wou-wou, be-be.*

C'est clair, non ?

Et puis, il sait faire de vrais câlins, sa petite tête qui sent si bon abandonnée contre vous et qui vous fait oublier l'heure, la saison et le rôti qui brûle.

Ça, c'est pour le bon côté des choses, car à 1 an il commence aussi à crapahuter à quatre pattes, en rampant ou même carrément à marcher, et là, vous avez intérêt à avoir l'œil vif et le mollet prêt à bondir lorsqu'il vient chez vous. À partir de maintenant, plus question de le perdre de vue une seconde et plus question non plus de laisser à sa portée le vase de Sèvres qui vous vient de votre grand-tante, et encore moins les médicaments, les produits d'entretien, les cendriers pleins, les fils électriques, les prises de courant, enfin tout ou presque. En tant que Mamie débutante, vous avez peut-être oublié que, dans sa soif de découvertes, un bébé touche à tout, suce tout, avale tout et qu'il trouvera une minuscule épingle au milieu de 40 mètres carrés !

Gare aussi au chat ou au chien de la maison qui va passer un sale quart d'heure lorsque les petits doigts potelés s'enfonceront dans ses yeux ou ses narines et que cette queue qui bouge sera presque aussi amusante à tirer que vos boucles d'oreilles ou les moustaches de Papy. Vous devez dès maintenant lui apprendre gentiment à ne pas martyriser votre animal, sans élever la voix mais assez fermement quand même. Il n'y a rien de plus détestable que les gens qui s'esclaffent devant les tortures infligées par les petits et qui s'étonnent ensuite du coup de dent ou de patte vengeur.

Tout au long de cette année qui commence, votre petit-fils ou votre petite-fille va réellement découvrir le jeu et vous allez pouvoir vous en donner à cœur joie dans les magasins de jouets d'éveil, d'habileté et de découverte, puisque c'est grâce à eux qu'il va apprendre à saisir, lancer, empiler, recevoir, donner et développer ses capacités psychomotrices.

Les jouets qu'il aime

Un conseil : n'allez pas plus vite que la musique ! Les mamies ont trop tendance à surestimer la chair de la chair de leur chair et à offrir des jouets dépassant leur niveau de compétences.

À 1 an, il n'y a rien de mieux, de plus utile et de plus rigolo que :

- un petit ballon
- une cuillère en bois
- des ronds à enfiler sur un support
- des cubes à empiler et à renverser
- des formes à encastrer
- des boîtes, des seaux, des arrosoirs pour jouer dans le bain
- des poupées en chiffon avec des cheveux à tirer
- des objets roulants non identifiés qui se poussent et se tractent

- des jouets pour imiter : téléphones et tablettes factices
- et le pire… sauf s'il se prénomme Amadeus et que vous avez les nerfs solides : un jouet qui fait de la musique.

Quelques mois plus tard, vous pourrez envisager les gros crayons de couleur et le papier brouillon pour ses premiers gribouillages que vous retrouverez dans quelques années soigneusement conservés dans vos archives. C'est comme ça, il n'y a rien à faire : toutes les mamies décèlent du génie dans les dessins de leurs petits-enfants et il n'y a aucune raison pour que vous échappiez à la règle !

Un autre conseil : les jouets de chez vous doivent rester chez vous. D'abord parce qu'il en a des centaines chez Papa et Maman, ensuite parce qu'il poussera de grands cris de joie lorsqu'il les retrouvera à chacune de ses visites.

Et un dernier petit conseil pour la route : même si vous en mourez d'envie, n'achetez pas de jouets coûteux, fragiles et trop beaux. À son âge, le bébé s'appelle aussi « destructor », alors attendez au moins ses 10 ans (oui, c'est long…) pour lui faire plaisir en vous faisant plaisir.

Le hit parade des jouets selon l'âge

Grâce à la gentillesse de Jeremy, Papa conseil à La Grande Récré de Château-Thierry, voici un guide des jouets préférés des enfants et/ou de leurs parents, sans risquer de tomber à côté, dans une tranche d'âge inappropriée.

Jusqu'à 1 an

- *Best-seller :* Sophie la Girafe (sachez qu'il y a autant de naissances en France que de girafes vendues !)
- Doudous, peluches, mobiles

À partir de 1 an jusqu'à 2 ans

Les jouets qui développent la motricité, le sens de l'observation, l'apprentissage de la marche.

- *Best-seller :* la chaise musicale (Fisher Price®)

- La table d'activités (Chicco®, Fisher Price®, Vtech®...)
- Le trotteur Trot' Pilote (Vtech®, Chicco®)

À partir de 2 ans jusqu'à 4 ans

Les jouets qui développent entre autres la créativité, l'imagination et la maîtrise des gestes, tels que :

- *Best-seller :* coloriages (Aquadoodle®)
- Lego® 1er âge
- Pâtes à modeler

Ainsi que les grands classiques pour filles et garçons tels que :

- Voitures (télécommandées ou non)
- Dînettes
- Poupons
- Imitations ménage, bricolage

Et enfin tous les jouets-figurines de : Toy Story®, Oui-Oui, Hello Kitty, Maya, etc., sans oublier l'éternel Mickey toujours adoré.

Quels que soient les jouets choisis, vérifiez impérativement qu'ils comportent le label CE (Conformité Européenne) signifiant qu'ils répondent aux normes de sécurité en vigueur.

SCÈNE 2
Mamie plus du tout débutante

Voilà cette première année écoulée et un petit coup d'œil en arrière va vous permettre de regarder votre histoire de grand-mère dans le blanc des yeux. Une certitude : vous êtes en adoration devant votre petit bout de chou auquel il a suffi de 12 mois pour habiter vos pensées et remplir votre cœur de cet amour si doux qu'il ne faudrait pas grand-chose pour qu'il vous transforme en Mamie gâteuse. Ah, vous l'êtes déjà ? Alors c'est parfait, vous êtes dans la norme, et ce n'est qu'un début !

MAMIE-SITTING

Si votre fille est la maman, vous recommencez à avoir avec elle des relations à peu près normales. En effet, durant cette première année, elle n'a pas touché terre, et son humeur ainsi que sa disponibilité en ont subi les conséquences.

– Non, maman, je ne m'énerve pas. Je t'explique juste que je suis épuisée, que je n'ai pas une minute à moi, qu'entre le bébé, les courses, la maison, le boulot, je ne sais plus où donner de la tête et je donnerais cher pour partir une semaine toute seule, juste pour dormir, et ne rien faire du tout.

– Mais, ma chérie, dépose-moi le petit ou la petite pour le week-end et partez en amoureux, tu sais bien que je ne demande que ça !

Et là, deux hypothèses : soit elle saute sur l'occasion et, malgré votre joie, c'est vous que l'on retrouvera échevelée et hagarde après ces 48 heures de mamie-sitting impromptu, soit elle vous fait comprendre, avec la diplomatie qui la caractérise, qu'il est encore trop petit pour être séparé de ses parents, que vous n'êtes pas assez habituée à le garder, que ça va vous fatiguer et qu'il vaut mieux attendre encore quelques mois... bon. Prenez ça dans les dents ! Patience. Bientôt, c'est l'enfant qui vous réclamera, et alors là, vous ne serez pas peu fière.

LE PLANNING

Toujours est-il qu'à cette période où il n'est pas encore assez grand pour vivre sa vie avec vous, vous éprouvez souvent un sentiment de frustration et de mélancolie dont ses parents n'ont pas la moindre idée. Il est grand temps d'établir un planning pour ne pas devenir le « bouche-trou » de dépannage, mais une Mamie qui suit d'aussi près que possible l'évolution de son petit-enfant et instaure ainsi avec lui des relations stables et durables car Skype ne remplace pas, sauf en cas de véritable éloignement, le bonheur de papouiller, de babiller et de bêtifier.

Posez donc le problème aux parents. Expliquez-leur votre besoin d'un contact régulier avec leur enfant dont ils ont tellement de mal à couper le cordon, et fixez les bases de votre disponibilité pour l'accueillir chez vous, le temps d'une journée et si possible d'une nuit, une fois par semaine, tous les quinze jours ou éventuellement une fois par mois, selon les possibilités de chacun. Une fois ce planning établi, il ne faut y revenir qu'à titre exceptionnel et cela doit devenir une règle dont ils ne tarderont pas à apprécier la régularité pour s'organiser une petite sortie en amoureux. La relation familiale n'en sera que plus harmonieuse et vous vous régalerez dans votre coin avec votre petit bonhomme ou votre petite bonne femme.

Si votre fils est le papa, c'est plus délicat car, comme vous le savez maintenant, c'est souvent la grand-mère maternelle qui a la priorité. Oui, c'est injuste, mais c'est comme ça. Il n'empêche que vous pouvez quand même exiger vous aussi l'équité du planning : une fois l'autre Mamie, une fois vous. Il en sera de même un peu plus tard pour les Noël et les vacances, sauf si vous devenez très amies et que votre plaisir est de vous retrouver entre grands-mères pour vous extasier mutuellement sur les progrès de la merveille commune ! C'est une solution idéale pour la paix des familles, mais autant vous dire que, malheureusement, cela n'est ni aussi évident ni aussi fréquent que l'on pourrait le rêver !

LA DOYENNE DE LA FAMILLE

Pendant que vous vous refaites le film de cette première année écoulée, profitez-en pour observer les transformations qui se sont opérées en vous sans que vous vous en soyez rendu compte. Il ne s'agit évidemment pas de modifications physiques, car il est à espérer que votre statut de grand-mère ne vous a pas transformée en vieille dame permanentée, toute de noir vêtue. Non, ça, c'était dans l'ancien temps, et vous vous êtes au contraire attachée à rester en forme pour offrir à votre petit-enfant et à votre entourage la vision d'une Mamie coquette et jolie comme un cœur.

En revanche, de l'intérieur, vous n'êtes plus tout à fait la même. Votre famille s'est agrandie, vous en êtes devenue une sorte de « doyenne » (sauf si vous avez la chance d'avoir encore vos propres parents), et vous avez désormais un rôle fédérateur, car une Mamie c'est aussi ça. Certes, ce mot de « doyenne » ne vous emballe pas car il pèse le poids de votre âge… pas toujours facile à encaisser. Ne le prenez pas mal et positivez, car être l'aînée de la famille a aussi beaucoup d'avantages. Par exemple, c'est à vous qu'incombent désormais les plaisirs des réunions familiales et des vacances dans la petite maison de famille si vous en possédez une. Vous êtes devenue le pivot autour duquel tournent les traditions, les fêtes, les jolis moments passés ensemble et vous voici nommée officiellement fabricante de souvenirs.

Mais aussi, car il y a un mais, c'est vous qui avez à gérer les inquiétudes ou à tempérer les éventuels conflits du jeune couple, à mettre un peu de beurre dans leurs épinards en cas de fins de mois difficiles et à faire en sorte que le maître mot de votre famille soit BONHEUR. C'est vous, enfin, qui apportez votre expérience et vos conseils quand vous sentez qu'il y a un léger flottement dans l'éducation de l'enfant, avec le doigté et la diplomatie dont vous êtes capable plutôt qu'à grands renfort de coups de gueule et de poing sur la table.

LA TROISIÈME PÉRIODE DE VOTRE VIE

Et puis, en devenant grand-mère, vous réalisez également que vous entrez dans la troisième période de votre vie et que celle-ci n'est pas la plus facile. Ce premier petit-enfant (puis ceux qui viendront ensuite) est en quelque sorte le bâton de votre future vieillesse qui, grâce à lui, sera illuminée par l'infinie tendresse que vous partagerez et dont vous bâtissez en ce moment les fondations. Plus il grandira et plus il vous apportera de joie, de raison de vivre et d'espoirs. Avec lui, vous allez vous projeter dans son avenir, lui faire découvrir ce qui fait votre richesse, partager des passions communes et peut-être même, si vous en avez les moyens, voyagerez-vous avec lui. Si votre santé est florissante, vous verrez l'homme ou la femme qu'il deviendra et, rien que pour ça, vous voudrez l'accompagner le plus longtemps possible. En fait, ce petit-enfant qui tient à peine sur ses jeunes pattes va devenir la source de vos émerveillements et de votre longévité. Ce n'est pas merveilleux, ça ?

acte 10

Adieu Bébé, bonjour Enfant !

Ouverture

Nous l'avons déjà dit, tout passe trop vite (d'où l'intérêt de votre journal de Mamie…), et à partir de ses 2 ans, Bébé Ier prend du galon en devenant officiellement Petit Garçon ou Petite Fille. Il trotte, connaît au moins 50 mots, va sur son pot et comprend pratiquement tout ce qu'on lui dit. Caprices, colères et bouderies mais aussi charme, tendresse et intelligence jalonnent son parcours et vous commencez à déceler son caractère, sachant que les parents et les grands-parents peuvent l'empirer ou l'améliorer, selon leur complicité éducative.

SCÈNE 1
Éducation : non, initiation : oui

Si votre rôle éducatif est indéniable, souvenez-vous cependant qu'il n'est pas primordial mais complémentaire. Un enfant est éduqué par ses parents et ce n'est qu'avec tact que vous pouvez y mettre votre grain de sel lorsque vous trouvez ceux-ci trop sévères ou trop laxistes, ceci étant valable pour toutes les années à venir.

➔ Conseil avisé : la complicité éducative

En tant que Mamie, il serait dommageable pour lui que vous preniez le contre-pied de son papa et de sa maman lorsqu'il fait une bêtise, se tient mal ou se comporte comme un « enfant unique trop gâté ». Exemple : il vient de se faire gronder par ses parents, il pleure, vous vous précipitez pour lui faire un gros câlin et le consoler. Certes, cela part d'une bonne intention, mais évitez de vous « opposer » ainsi à la sanction des parents. Si votre cœur de grand-mère saigne devant cet « insoutenable sévice », ne bougez même pas une oreille. D'abord parce que ses parents vous en voudraient, ensuite parce que la notion du bien et du mal deviendrait confuse dans l'esprit de l'enfant qui a absolument besoin de ces repères. Le sens de la discipline n'est pas inné, il s'acquiert dès le plus jeune âge et un enfant bien élevé part dans la vie avec un atout supplémentaire.

Faites-vous la promesse de suivre ce conseil, ce qui ne vous empêche pas, lorsqu'il est avec vous de lâcher un peu de lest, mais un peu seulement. À vous de déterminer les limites entre l'intolérable et le tolérable si l'Enfant chéri a barbouillé votre cuisine de compote, arraché vos plates-bandes ou fait des découpages dans votre bibliothèque ! Si, si, tout ceci peut vous arriver...

SCÈNE 2
Mamie magique, c'est maintenant

S'il est un rôle que le monde entier vous envie, c'est bien celui que vous allez jouer maintenant dans la vie de votre petit trésor adoré, car celui-là est le plus agréable et le plus joli qui soit. Mamie magique, ça vous dit ?

Alors revêtez le seyant costume de l'héroïne de sa tendre enfance et glissez-vous dans le personnage d'une grand-mère qui fait découvrir les merveilles de la vie, raconte des histoires, sourit tout le temps, a une patience inusable, lui apprend mille et une activités, veut bien jouer de longues heures durant, fait toutes les choses que Papa et Maman n'ont pas forcément le temps ou l'envie de faire et n'a pas peur du ridicule en se déguisant en sorcière ou en Spider-Man. Sans briguer un diplôme de pédagogue agrégée ou vouloir à tout prix entamer sa prépa à Sciences-Po dès sa deuxième année, mettez à sa disposition intellectuelle ou manuelle tous les petits trésors que vous possédez en vous et qui peut-être, même sûrement, contribueront à façonner ses goûts, ses penchants, voire ses talents, plus tard quand il sera grand.

La liste des possibles est longue et variée. Une chose est certaine : les activités et les jeux que vous pratiquerez avec l'enfant devront le divertir avant tout. Au moindre signe d'ennui ou de dissipation, arrêtez tout et revenez-y éventuellement une autre fois. S'il vous semble que vous faites fausse route et qu'il s'ennuie à nouveau, alors, tant pis, renoncez. Il n'a peut-être pas encore atteint l'âge, ou tout simplement ce qui devrait selon vous l'intéresser ne l'intéresse pas. Point à la ligne !

➔ Mimi-douce témoigne

« Moi, c'est simple, j'ai décidé de faire avec Calypso, mon unique petite-fille, toutes les choses complètement dingues qui me passaient par la tête et qui, j'en étais sûre, marqueraient pour toujours ses souvenirs d'enfant. Elle a aujourd'hui

15 ans et me parle encore de son vol en hélicoptère pour l'anniversaire de ses 8 ans, de la Limousine blanche que j'avais louée pour elle et ses petits amis à l'occasion de ses 5 ans, de notre voyage à Londres pour aller voir la comédie musicale *Billy Elliot*, de ses moules-frites à Bruxelles suivies de la visite de l'Atomium et, le plus fort, de nos trois jours inoubliables à New York. Oui, je sais, tout cela coûtait très cher, mais dès sa naissance, j'avais ouvert un compte spécial où je plaçais chaque mois quelques économies. Ainsi, plusieurs années plus tard, j'ai pu dépenser une jolie petite somme rien que pour elle et moi ; je ne l'ai jamais regretté, ni elle non plus d'ailleurs. »

VOUS VOULEZ QUELQUES IDÉES DE JEUX ?

➔ Connaissez-vous le jeu de la mouche ?

Vous faites semblant de mettre trois mouches invisibles dans ses petites mains et vous lui dites de les fermer et de serrer très fort pour empêcher les mouches de s'envoler, puis vous lui lancez une balle. Il ouvre aussitôt ses mains pour l'attraper et vous vous écriez : « Patatras, toutes les mouches se sont envolées ! » Vous essayez une deuxième fois, mais en faisant semblant de lancer la balle. Il ouvre encore ses mains en grand. Vous lancez une troisième fois en lui disant de faire très attention à ses mouches et là, il tient ses menottes bien serrées l'une contre l'autre. Le jeu consiste à lui faire quand même perdre ses mouches, ce qui ne manquera pas d'arriver lorsque vous ferez à nouveau semblant de lancer la balle. Ensuite ce sera à son tour de jouer et de vous piéger, ce que vous accepterez de bonne grâce évidemment.

Ce petit jeu a l'avantage de développer ses réflexes, de l'habituer à perdre, mais aussi à gagner lorsqu'il aura eu sa Mamie !

LES JEUX DE DÉVELOPPEMENT

À partir de ses 2 ans, il adore les grands classiques : vous lancez une balle puis la rattrapez. Il découvre le partage et cet échange le ravit.

Plus tard, la petite balle sera remplacée par le ballon, et grâce à votre petit-enfant, peut-être vous découvrirez-vous un formidable talent de buteuse !

Garçons et filles sont fous des gommettes, des crayons à dessiner, de pâte à modeler, des jeux d'attention et d'adresse.

Pour développer leur imagination, rien de mieux que les célèbres Playmobil®, mais aussi des petites fermes, des maisons de poupée, des dînettes, des camions, des tracteurs, des poussettes, et tout ce qui roule et se remplit d'autres jouets.

À cet âge de constante observation, ils adorent aussi imiter les grands et vous n'avez pas fini d'être épatée par tous les gestes et les tics qu'ils auront mémorisés et qu'ils restitueront avec le plus grand sérieux. La petite fille qui joue à la poupée ou le petit garçon assis devant un volant seront d'incroyables répliques de leur maman et de leur papa. Extraordinaire à observer !

ET LES ÉCRANS

Il faut vous faire une raison (eh oui), c'est également l'âge de l'attirance – pour ne pas dire de la fascination – pour les écrans, et s'il est un conseil à vous donner, c'est bien de ne pas lutter. Ils sont nés avec, ne voient qu'eux autour d'eux et les leur refuser sous prétexte qu'ils sont trop jeunes ou qu'à leur âge vous jouiez des heures avec deux bouts de ficelle ne fera que creuser un fossé entre vous. Certes, point trop n'en faut, mais tout en limitant les moments passés sur l'ordinateur ou l'iPad, offrez-lui vous aussi ces récréations adorées avec ses personnages préférés. Vous n'avez ni ordi ni écran tactile ? C'est anormal à votre âge, et si Mamie voulait faire de la résistance, il est temps de vous laisser tenter…

Puisqu'il est essentiel dans votre rôle de grand-mère débutante de faire preuve de créativité et d'originalité, c'est au travers d'activités qui n'appartiendront qu'à vous deux que vous lui fabriquerez des souvenirs et des moments uniques. Il va falloir vous creuser un peu la tête pour réinventer ce que toutes les mamies pratiquent depuis toujours pour distiller à leur petite-fille ou leur petit-fils ce supplément de bonheur qui consiste à initier leurs sens aux découvertes dont le monde regorge.

SCÈNE 3
L'éveil de ses 5 sens

S'il n'est jamais trop tard pour apprendre à regarder, écouter, respirer, toucher et déguster, plutôt que voir, entendre, sentir et manger, il n'est jamais trop tôt non plus. Le petit corps tout neuf d'un enfant dispose de tous ses sens qui, s'ils sont déjà éveillés, ne demandent qu'à se développer grâce aux portes qu'une Mamie peut ouvrir avec un peu de patience et d'astuce.

LES « NIEUX-NIEUX »

Un enfant ne sait pas faire la différence entre voir et regarder. Quoi de plus mignon que de l'emmener dans la nature pour l'inciter à regarder vraiment une fourmi, une fleur ou une feuille en lui expliquant leur histoire! La ville peut être aussi une source de découvertes, avec ses feux rouges ou verts, tous ces gens si différents, ses marchés débordant d'une nourriture qu'il ne connaît pas encore et, bien sûr, ses hypermarchés où il est si rigolo de se promener assis dans le Caddie. Tout ce qu'il découvre est pour vous une fantastique matière à explications et discussions animées sur le pourquoi du comment. Cela participe également à l'éveil de son regard sur ce qui l'entoure.

Les livres d'enfants sont aussi des mines d'or, mais soyez sélective et enchantez sa vue avec de jolies illustrations riches en couleurs.

LES MENOTTES

Le doudou est sa référence absolue en matière d'émotion tactile même si celui-ci ressemble déjà à une loque après de multiples tâtages, suçages et lavages. Nul doute que vous puissiez trouver chez vous ce qui devrait lui permettre d'apprendre à découvrir d'autres sensations qui lui apprendront à faire la différence entre un tissu, comme le velours ou la peau d'une pêche, la rugosité d'un meuble en bois ou d'une écorce d'ananas, la tiédeur, la froideur etc.

Amusez-vous à jouer à l'aveugle en lui bandant les yeux et en lui demandant de reconnaître les différentes matières. Vous verrez combien son toucher deviendra vite un sens auquel il prêtera beaucoup plus d'attention.

LES N'OREILLES

Dehors ou dedans, la vie regorge de sons qu'il peut être amusant d'apprendre à identifier. Une cloche, un chien qui aboie, un train qui passe au loin, le camion des éboueurs, etc. pourront devenir les repères sonores des moments passés chez vous. Qui n'a pas conservé dans sa mémoire auditive le chant d'un coq chez sa grand-mère ou la sonnerie qui marquait la fin de la récré à la petite école ?

L'évidence de la musique ne vous apparaîtra peut-être pas si vous n'êtes pas mélomane. Dommage, car il y a pour son oreille de sublimes notes à écouter plutôt que les éternelles comptines pour enfants ou les chansonnettes de la radio ou de la télé. En revanche, si vous êtes une fondue de belle musique et que vous comptez un peu plus tard financer ses leçons de piano ou de violon, par pitié, ne l'initiez pas avec l'incontournable *Pierre et le Loup* qui n'a été composé, foi de Prokofiev, que pour barber les enfants en classe de musique. Bientôt, ses choix musicaux vous dépasseront, mais vous aurez malgré tout fait votre job le moment voulu !

LE PETIT NEZ

Sentir, respirer, humer, laisser une petite odeur de rien du tout entrer par le nez, gonfler ses narines pour en aspirer toutes les effluves, la faire pénétrer jusque dans la poitrine et la garder en soi aussi longtemps que possible est un enseignement peu banal que je vous invite à dispenser. Les odeurs sont l'essence de l'enfance et s'impriment à jamais. Pas toutes, évidemment, mais certaines ont un pouvoir de mémorisation éternel. Si l'on vous dit chocolat, parfum, pain grillé, rose du matin et pourquoi pas choucroute ou livre d'école, surgissent aussitôt des souvenirs précis de gens ou de lieux qui vous font sourire avec nostalgie. Apprendre au petit enfant à capter les odeurs et à les retenir en lui est avant tout un jeu mais aussi un formidable cadeau pour plus tard.

LE PETIT BEC

En matière de goût, l'art d'être grand-mère n'est pas un vain mot et nous vous avons gardé le meilleur pour la faim. Malgré vos vaillants efforts de mère nourricière, ni votre fille ni moins encore votre fils, sauf exceptions, n'ont retenu vos leçons de cuisine, sauf parfois un certain gâteau au chocolat que vous leur avez appris à faire lors de mercredis pluvieux. Devenus adultes, leurs choix gustatifs se sont vite orientés vers le « fast » facile, pas cher et convivial dont la liste se résume souvent à : pizzas, pâtes, sushis, salades en sachets, glaces et produits laitiers, avec de temps en temps, parce qu'ils en ont quand même trop envie, un bon steak ou du poulet à la broche de chez le boucher du coin. Il y a de gros risques, là encore sauf exception et parce que vous veillerez au grain, que leur premier enfant soit tenté dès qu'il saura tenir une cuillère par les attraits de la *junk-food*. Non, ne grimpez pas aux rideaux, vous ne pourrez pas les en empêcher, et ceci pour deux raisons : ils travaillent comme des fous, ce qui leur laisse peu de temps pour cuisiner et, parce qu'il faut bien l'avouer, c'est plutôt bon...

Alors, vous, Mamie de rêve, vous allez faire découvrir d'autres goûts à votre petit-enfant et enrichir son palais des saveurs de petits plats faits maison, aussi jolis à regarder que délicieux à savourer. Oui, cela vous prendra plus de temps à préparer qu'un jambon-coquillettes-ketchup, mais vous ne serez pas peu fière de le voir demander encore de la sole croustillante, des petites boulettes de viande à la sauce de tomates fraîches, de la blanquette de veau longuement mitonnée, de la mousse de framboises du jardin, des sablés encore chauds et, pourquoi pas, des haricots verts frais assaisonnés d'une belle noix de beurre à manger avec les doigts comme des frites.

L'apprentissage du goût ne passe plus par la tyrannie du « il faut manger de tout » et vous vous rendriez odieuse si vous vouliez lui faire aimer à tout prix ce pour quoi il a un rejet. Soyez celle qui propose mais n'impose pas, l'objectif étant de lui ouvrir les papilles et non de le dégoûter à tout jamais des endives, du chou rouge ou de la sardine à l'huile. N'oubliez pas également que certaines saveurs sont prématurées : les épices, l'ail, l'oignon, les fines herbes, la moutarde, le vinaigre ou tout autre ingrédient trop agressif entraîneront une moue et un recrachage en bonne et due forme.

Mon conseil

Si vous êtes à court d'idées ou d'imagination, rendez-vous sur le site **babycenter.fr** – idées d'assiettes rigolotes pour enfants –, qui propose des menus géniaux pour leur faire manger de tout, ou presque.

Le site du Programme National Nutrition Santé propose une boîte à idées très pratique, avec des repas équilibrés pour toute la semaine, selon les critères que vous choisirez : http://www.mangerbouger.fr/bien-manger/la-fabrique-a-menus.html

Pour cela, il faut néanmoins savoir se servir d'un ordinateur ou d'un iPad. Alors, chère Mamie à la traîne, dévorez *L'Informatique pour les Nuls* des Éditions First !

Mamie Cœur (c'est moi...) raconte

« Je me souviens de mes premières vacances avec Maxime à l'île de Ré. À l'époque, il avait deux ans et demi et refusait pratiquement tout ce qui n'était pas purée-jambon et bananes. J'ai quand même "osé" un midi lui proposer des crevettes toutes fraîches et ce n'était pas gagné, car la petite bête lui faisait peur. Je lui ai donc montré la bestiole, ses yeux, ses pattes, sa queue, ses antennes, lui ai expliqué qu'elle vivait dans la mer avec toute sa famille et que si elle n'était pas très jolie, la pauvre, ce n'était pas de sa faute. Quand j'ai senti qu'il s'attendrissait sur son sort, je l'ai décortiquée et la lui ai tendue. Très méfiant, il a commencé par sortir un petit bout de langue juste pour goûter puis s'est enhardi et l'a mise dans son bec. Je m'attendais évidemment à ce qu'il la recrache, mais non, il l'a consciencieusement mâchée puis l'a avalée et, ô victoire, a tendu son index vers une seconde crevette.

Du coup le lendemain, j'ai tenté les moules à la crème et, tenez-vous bien, il a adoré aussi ! Les parents n'en sont encore pas revenus... »

Vos idées de jeux avec les 5 sens

SCÈNE 4
Mamie geek

AUTRES TEMPS, AUTRES JEUX : LA TÉLÉ-RÉALITÉ

Si vous pensez que ce chapitre va traiter des programmes de télé-réalité, vous vous trompez complètement. D'abord, parce que c'est hors sujet, mais aussi parce qu'ils sont à l'éducation des jeunes enfants d'aujourd'hui ce que Sodome et Gomorrhe furent à celle des enfants de la Genèse ! La vérité est ailleurs. Souvenez-vous : lorsque ses parents attendaient votre petit-fils ou votre petite-fille, les discussions allaient bon train sur sa future éducation et, goguenarde, vous les écoutiez affirmer avec fermeté...

Qu'il ou elle apprendrait très tôt à dire merci, bonjour et au revoir.

Qu'il ou elle se tiendrait correctement à table.

Qu'il ou elle mangerait de tout.

Qu'il ou elle ne chouinerait pas pour aller au dodo.

Qu'il ou elle ne mentirait pas.

Qu'il ou elle ne dirait pas de gros mots.

Qu'il ou elle ne ferait pas de caprices.

Qu'il ou elle ne serait pas pourri(e) gâté(e).

Et, enfin, qu'il ou elle ne regarderait pas la télé comme le fils des voisins qui est collé devant à longueur de journée.

Autant il est justifié de vouloir inculquer à son enfant des principes fondamentaux pour espérer en faire un petit être gracieux et facile à vivre pour soi et pour les autres, autant la volonté de le soustraire à la télé relève de la pure utopie. Allumez un écran devant lui, une fois, une seule, et la fascination addictive opère aussitôt. J'ai envie de vous dire : c'est ainsi et il n'y a pas grand-chose à faire. Donc, Mamie débutante, n'essayez pas de lutter car la partie est perdue d'avance, sauf évidemment si vous n'avez pas la télé chez vous, ce qui devient de plus en plus rare. La télévision est une réalité du quotidien et une présence à part entière dans chaque foyer à laquelle il est difficile de se soustraire sous peine d'être marginalisé à l'école, au bureau et dans les dîners en ville ! En revanche, puisque je pars du principe que vous devenez de mois en mois une grand-mère de plus en plus avisée, il est évident qu'en matière de télévision, il y a des règles strictes à respecter. Merci de les noter au cas où, sous la pression d'un petit bouchon en colère, vous seriez prête à craquer !

RÈGLE N° 1

Un enfant ne peut pas tout voir et ce n'est pas parce que vous croyez qu'il ne comprend pas que cela ne perturbe pas sa sensibilité. Certains programmes anodins en apparence risquent de le traumatiser, de créer des peurs, de provoquer des cauchemars et de perturber sa vision encore idyllique du monde.

Prenons l'exemple d'un beau documentaire sur les animaux d'Afrique ou d'ailleurs. Images superbes, une lionne avance dans la savane suivie de ses adorables lionceaux. De grands oiseaux volent dans le ciel et tout ce petit monde a l'air heureux. Soudain, la caméra se fixe sur une gazelle au loin. La lionne l'a sentie, elle s'immobilise, hume, se tapit, puis jaillit au-dessus des herbes jaunies par le soleil pour capturer, déchiqueter puis dévorer la pauvre petite bête tandis que les oiseaux tournoient au-dessus du carnage guettant l'instant où ils pourront se repaître des restes de son cadavre.

Vous vous étiez installée paisiblement avec l'enfant devant votre télé pour lui montrer des animaux et il va assister à un drame horrible dont ni vous ni moi ni personne ne peut soupçonner les ravages dans son petit cerveau innocent qui ne sait encore rien de la violence et de la cruauté. Mais s'il faut vous méfier du contenu de certaines émissions a priori anodines, vous pouvez avoir une totale confiance dans les programmes destinés aux tout-petits qui sont de véritables bijoux pédagogiques dont les personnages malicieux ou sages leur apportent la part de rêve, de magie et de fantaisie dont tout enfant a besoin pour épanouir sa personnalité. Toutes les chaînes proposent des programmes spécifiques et la chaîne Gulli en diffuse non-stop.

RÈGLE N° 2

Un tout-petit entre 2 et 5 ans ne doit pas regarder la télévision plus de 10 minutes d'affilée. Si vous avez à faire dans la cuisine, n'en profitez pas pendant ce temps. Il est important que vous restiez près de lui pour répondre à ses questions ou lui donner des explications sur des images qu'il pourrait ne pas comprendre. Ainsi vous aussi découvrirez l'univers des Zouzous, Oui-Oui, Babar, Bob l'Éponge, Petit Ours brun, du Petit Nicolas, des Lapins Crétins, j'en passe et des meilleurs, et vous verrez comme c'est mignon. De toute façon, une immersion dans le joli monde de l'enfance est un bain de jouvence dont personne ne devrait se priver.

RÈGLE N° 3

Évidemment pas de télé pendant ses repas (et si possible pas pendant les vôtres non plus...) ni de télé allumée non-stop même si vous ne la regardez pas, car l'enfant, lui, le fera. De plus, cette nuisance visuelle et auditive permanente crée un besoin dont il risque de ne plus jamais se départir.

TABLETTES, PLAYSTATION : LES POTIONS MAGIQUES !

J'ai vu un jour une petite Julie de 18 mois aussi habile sur un smartphone que moi après 8 ans d'utilisation quotidienne ! Après avoir choisi son application préférée, elle faisait glisser son petit index sur l'écran et jouait avec autant de dextérité qu'une enfant de 10 ans. J'étais ébahie mais me faisais en même temps la réflexion que cette génération vivait avec les écrans ce que j'avais vécu avec les transistors, aussi archaïques puissent-ils paraître. J'étais née avec et n'aurais pas imaginé m'en passer une seule seconde de ma jeune existence. Il faut vous dire que pour les petits d'aujourd'hui, c'est pareil, et qu'il n'y a lieu ni de s'en émerveiller ni de désapprouver. L'écran est un outil dont ils comprennent instantanément le rôle et le fonctionnement. Vous ne voudriez quand même pas que votre petite merveille soit le seul à ne pas savoir se servir d'une tablette ? Laissez-la jouer sans rechigner, mais là aussi, soyez stricte sur le temps passé. Idem pour la Playstation, à laquelle ses jeunes parents, fans eux aussi, l'ont peut-être initiée dès son plus jeune âge. Pas d'abus et surtout pas de jeux juste après les repas ou avant d'aller au lit car ils excitent les enfants et provoquent, comme le stress, une hypersécrétion corticosurrénale néfaste à la digestion et à l'endormissement.

DVD, SON INLASSABLE AMOUR

Un jour, vous lui avez offert son premier DVD. À mon avis, c'était un dessin animé de Walt Disney parce vous souhaitiez le faire pénétrer à son tour dans l'une de ces merveilleuses histoires qui ont bercé votre enfance. Mais ce que vous ignoriez alors, c'est que les Sept nains, Mickey, Donald, Pluto, Cendrillon ou Mooglie déclencheraient en lui une passion envahissante. Plus un jour, plus une heure sans qu'il réclame son film et veuille le regarder encore, encore et encore, jamais las, jamais saturé. Je dirais même que plus il le regarde et plus il en veut, comme si sa jeune vie puisait sa substance dans les aventures de son personnage préféré. Il vibre, tremble, anticipe et appréhende, s'identifie et plonge dans l'écran avec avidité, guettant le loup, attendant le Prince Charmant, chassant la sorcière et soupirant avec autant de soulagement à la première fois qu'à la trentième.

Et vous, pendant ce temps-là ? Vous êtes au bord de la crise de nerfs parce que, non seulement vous devez endurer le film pour la énième fois, mais aussi parce qu'il vous faut répondre aux questions angoissées de l'enfant, toujours les mêmes chaque fois : « *Et pourquoi le loup il veut manger les cochons, et pourquoi la dame elle mange la pomme, et pourquoi les nains ils sont petits, et pourquoi et pourquoi...* »

C'est sans doute pour faire diversion que vous vous ruinerez sans succès en nouveaux DVD, mais vous commettrez une erreur car celui qu'il aime et regarde inlassablement pour des raisons qui vous échappent est Unique et Irremplaçable.

SCÈNE 5
Dis Mamie, tu me racontes une histoire ?

Vous l'avez voulu, eh bien, vous l'avez ! Lui ou elle est parfait(e) dans son rôle de petit-fils ou de petite-fille, alors à votre tour, soyez conforme à ce qui est attendu de vous, je veux dire par là : inventeuse/raconteuse d'histoires, et malheur à vous si, dévorée par les aléas de la vie, vous avez égaré votre âme d'enfant dans les méandres du long chemin déjà parcouru. C'est ainsi depuis que le monde est monde, les grands-mères racontent de belles histoires à leurs petits-enfants et l'on dit que même Cromagnon bébé ne s'endormait jamais sans son histoire du Mammouth magique !

La facilité serait bien sûr que vous puisiez votre matière dans un livre de contes parmi ceux qui ont fait leurs preuves depuis plusieurs générations et qui fonctionnent encore assez bien mais ne sont plus réellement adaptés aux repères de l'enfant du XXIe siècle.

La difficulté, elle, se situe au niveau de l'improvisation, que je vous conseille pourtant de tenter. L'histoire inventée permet d'en moduler la dramaturgie, de gérer le suspens sans effrayer ou exciter l'enfant, d'en étirer ou d'en limiter la durée selon les clignements de paupières de votre petit ange et de vous obliger à extraire dans votre imaginaire la part de merveilleux qui subsiste en vous.

➔ Mon truc à moi

« Lorsque j'étais petite, ma Mamie rêvait que je ressemble à Shirley Temple, et pour tenter d'y parvenir, me contraignait à de fastidieuses séances de bouclettes au fer chaud, offrant ensuite à son regard attendri une reproduction de la coiffure de la jeune star. Il fallait pour cela que je reste sagement assise sur un tabouret, près de la cuisinière, pendant un très long moment, trop long même, puisque je ne tardais pas à gigoter, et du coup, à me faire brûler le crâne. Jusqu'au jour où Mamie inventa l'histoire de la Méchante Monique. Cette vilaine petite fille accumulait les sottises, les coups bas et les vilenies qui horrifiaient l'enfant sage que j'étais mais l'enivraient aussi des parfums de l'interdit ! Mamie savait si bien inventer puis doser les méfaits de la Méchante Monique pour mieux me tenir en haleine que le temps de la frisure n'existait plus. Chaque séance m'offrait ma dose d'aventures et je haletais d'impatience jusqu'à la prochaine, puisque, évidemment, j'avais droit à de nouvelles péripéties lorsque mes cheveux ne bouclaient plus comme il fallait. Puis à mon tour je devins Mamie et dus réussir à faire rêver pour mieux endormir (ce qui n'était pas gagné...) mon adorable petit Max. Du haut de son ciel, ma Mamie me fit un clin d'œil et me rappela l'efficacité de la fameuse Monique, et c'est ainsi que, dans un autre registre, naquit la Petite Poule Bleue, dans le poulailler de M. Renaudin (le vieux paysan de mon village qui nous fournissait en œuf) et qui lui fit un beau matin la surprise magique de pondre un œuf en or. Ainsi, M. Renaudin devenu riche vécut, de soir en soir, d'incroyables épopées, partant courir le monde, s'achetant un tracteur tout neuf, assistant à la Coupe du monde de football ou couvrant les enfants du village de cadeaux mirifiques. Il faut vous dire que ce brave homme n'avait, pour de vrai, jamais quitté le village et qu'il était l'un des derniers représentants des vrais bons vieux paysans d'autrefois. L'idée qu'il puisse vivre de pareilles aventures grâce à sa Petite Poule Bleue émerveillait Max et le réjouissait au plus haut point. Il s'endormait alors avec un joli sourire aux lèvres et je quittais sa chambre sur la pointe des pieds avec le doux sentiment du devoir de grand-mère accompli. »

COMMENT IMPROVISER UNE HISTOIRE

En cadeau d'au revoir, puisque nous allons bientôt nous quitter, je vous offre ci-dessous le plan d'une « saga » qui pourrait vous arranger si vous êtes à court d'idées !

Plan 1

Créer un personnage (petit garçon, petite fille, animal), lui donner un nom, raconter sa naissance. Exemple : c'est l'histoire de Tommy, un petit garçon né il y a 3 ans dans une jolie maison bleue au bord de la mer.

Plan 2

Situer sa famille. Exemple : son papa était très grand et portait toujours un bonnet orange. Il avait un bateau et partait chaque matin pêcher en mer de gros poissons qu'il vendait ensuite sur le marché. Sa maman, très jolie avec ses longs cheveux blonds, tenait un magasin de jouets que les enfants adoraient car on disait que c'était un magasin enchanté.

Un zeste d'aventure, un zeste de magie, mais stop, n'en dites pas plus ! Dans sa tête, les personnages ont pris vie et il visualise déjà la maison, le bateau, le magasin, les parents. Maintenant, revenez sur Tommy, le personnage central.

Plan 3

Tommy n'était pas un petit garçon très sage. Chaque jour il inventait une nouvelle bêtise et se faisait gronder par ses parents, qui parfois le punissaient en l'envoyant au coin.

Un petit garçon pas sage et qui fait des bêtises ? Voilà le vôtre interpellé ! Il faut maintenant rentrer dans le vif du sujet...

Plan 4

ACTION !!!

Un jour...

Et là, je vous laisse vous débrouiller pour inventer une suite à épisodes !!!

Vos idées d'histoires

acte
11

Petits et grands couacs

Ouverture

Jusqu'à maintenant, vous pensiez que la Mamie débutante vivait dans l'extase permanente et que les doux moments passés avec la prunelle de ses yeux n'étaient que délices, sourires, câlins et complicité. Certes, c'est souvent ainsi, mais pas que... Vous allez redécouvrir maintenant ce que vous avez si bien connu jeune maman, mais avec la fatigue, le mal de dos et l'envie de vous poser dans un bon fauteuil en plus !

SCÈNE 1
Mamie corvées

À 17 heures, coup de fil affolé de l'un des parents parce que ni eux ni la nounou ne peuvent aller le chercher à la crèche, au jardin d'enfant ou à l'école. Vous non plus ? Eh bien si, et vous voilà sautant dans votre voiture ou courant dans les rues, paniquée à l'idée de votre petit-enfant seul, abandonné et en larmes alors que vous le retrouvez jouant paisiblement, et ce n'est qu'à coup de longues inspirations ventrales que vous récupérez de votre course échevelée.

LA PROMENADE AU PARC

La promenade au parc est un moment difficile dès que l'enfant est en mesure de marcher, sauter, grimper, chiper les jouets des autres, ne pas prêter les siens, avoir faim, soif, envie de pipi et que son jeu préféré est de se dérober à votre vue en se cachant – votre pire stress. Autant vous dire que si la promenade au parc est une partie de plaisir chlorophyllée pour les petits, elle est pour vous le summum de l'épuisement. Pas une minute sans scruter, trembler, appeler, vous lever, vous baisser, lancer la balle, la récupérer dans les taillis, sortir le biberon de jus de fruits, dépiauter la barre chocolatée qui a fondu, essuyer la bouche, mettre un gilet, le retirer, enlever le sable des chaussures, récupérer le bonnet, les moufles, le gronder, bisouter le bobo, faire la conversation avec les autres mamies et, pour finir, parcourir le chemin de retour hagarde tandis que le cher ange hurle dans sa poussette parce qu'il ne veut pas rentrer.

LES AUTRES SORTIES

Guignol, cirque, parc d'attractions, zoo et autres divertissements enfantins nécessitent eux aussi un entraînement physique et psychologique intense car ne pas craquer relève d'une longue pratique de la maîtrise de son corps et de son esprit, ainsi que nous l'enseignent les moines taoïstes ! Comme vous n'y échapperez pas, autant vous préparer :

- aux hurlements des bambins surexcités.
- à la queue aux toilettes pour un pipi urgent.
- à la frayeur imprévisible de votre tout-petit devant un personnage ou un animal.
- à une sortie précipitée parce qu'il a mal au cœur.
- aux coups de pied dans votre dossier de l'enfant assis derrière sans que vous osiez lui dire d'arrêter.
- à porter ses 20 kilos, voire plus pour qu'il voie mieux le spectacle.
- à ses : « *J'ai faim, j'ai chaud, j'ai soif, j'ai mal au ventre, je veux ça, puis encore ça, dis Mamie, c'est quand que ça finit* », etc.

N'oublions pas non plus la journée à la plage ou à la piscine, pur cauchemar de toutes les grands-mères tant elle exige une vigilance de tous les instants : une seconde sans l'apercevoir et le sang se glace. Mais ce n'est pas tout ! Il y a aussi le « portage », qui transforme en chameau une femme normalement constituée ployant sous le poids des sacs de goûter, de serviettes, de vêtements de rechange, du parasol, des pelles et des seaux, et enfin les jeux dans l'eau et sur le sable dont vous conserverez le cuisant souvenir sur vos épaules surexposées au soleil, car dans votre dévotion à l'enfant enduit d'écran total, vous aurez oublié de vous protéger également.

LA CORVÉE DE JEUX

Vous êtes une Mamie formidable et tout le monde le sait. Pourtant, et cela restera entre nous, s'il est un truc qui vous rase, c'est bien la corvée de jeux. Coller des gommettes pendant 15 minutes, ça va. Mais quand vous collez toujours des gommettes 2 heures plus tard, vous ressentez une sorte de lassitude légitime. Jouer à la poupée, à la marchande ou aux Lego® peut être charmant à petite dose, mais quand on vous dit : « Encore Mamie, encore » pour la vingtième fois... ça peut paraître long ! Et que dire des jeux de société dont on vous réclamera inlassablement une partie, puis une autre, puis une autre ? Vous aurez beau penser à autre chose en avançant vos pions d'un geste las, il est clair qu'à un moment, soit vous vous endormirez, soit vous déciderez d'en finir, prête à assumer le « *t'es pas gentille* » accusateur de votre partenaire.

Pourtant, quelques années plus tard, vous ne garderez que le meilleur de ces instants c'est-à-dire le souvenir attendri de ces heures privilégiées en tête à tête. C'est comme ça, les mamies, ça oublie les mauvaises choses...

SCÈNE 2
Mamie frustrée

L'heure n'est pas aux jérémiades, et toute neuve dans votre rôle de grand-mère débutante, vous en savourez chaque instant. Pourtant, et si j'aborde le sujet, c'est parce que vous aussi allez éprouver des frustrations, souvent contrariantes, parfois douloureuses.

Vos enfants ont organisé leur vie. Elle tourne évidemment autour de ce premier enfant, roi des rois, et chaque seconde de leur temps libre lui est consacrée. C'est normal. Sauf que vous, vous voudriez une part du gâteau et qu'il n'en reste souvent que les miettes. Cela n'est pas valable pour tout le monde, bien sûr, mais la tendance est quand même très répandue et si vous n'avez pas imposé le planning que je vous avais vivement recommandé dès son plus jeune âge, je crains que vous ne vous trouviez confrontée à ce fameux syndrome de la Mamie frustrée.

Vous vouliez avoir le petit ou la petite le week-end prochain ? Pas de chance, il va chez son autre Mamie. Vous espériez qu'il passerait une partie de ses vacances avec vous dans la maison avec piscine louée à prix d'or pour le voir barboter ? Pas de chance, ils partent tous avec des copains en Corse. Pour Noël, ils font quoi ? Pas de chance, ils vont aux sports d'hiver, mais du coup ils viendront quand même pour l'Épiphanie... *Madagascar* 6, 7 ou 8 vient de sortir, vous avez envie de l'y emmener ? Pas de chance, il a rendez-vous chez l'orthophoniste, le dentiste ou le pédiatre !

Et vous voilà, pauvre Mamie, en train de ravaler votre amertume devant la légèreté ou l'égoïsme de ses parents qui n'ont pas tout à fait compris à quel point vous étiez attachée à cet enfant (qui est un peu le vôtre, rappelons-le) et combien chaque moment passé avec lui vous était précieux, pour ne pas dire essentiel. N'en faites pas un drame : l'avenir est entre vos mains et si vous savez manœuvrer habilement, un jour viendra où l'enfant lui-même réclamera votre présence parce que « *chez Mamie c'est trop bien !* ».

SCÈNE 3
Mamie *versus* Mamie

Déjà, à la naissance, elle vous avait agacée. Non pas qu'elle ait été antipathique, ça non, mais vous trouviez qu'elle en faisait trop avec le bébé, qu'elle était du genre envahissante, possessive, exubérante, pas du même milieu que vous ou, pire, totalement irréprochable, bref, l'autre Mamie vous tapait sur les nerfs. Aujourd'hui, c'est une autre musique. Elle a pris sa juste place dans la vie de l'enfant, l'aime autant que vous, le gâte autant que vous et le réclame, elle aussi, autant que vous. Comment vous dire ? Elle a droit à tout pareil que vous.

Pourtant, vous n'arrivez pas à vous départir d'un coupable sentiment de rivalité alors que vous devriez vous réjouir du fait que votre petit trésor a la chance de posséder une vraie grande famille dont il est le centre et sur laquelle il pourra s'appuyer aussi longtemps que les uns et les autres vivront. C'est un bien précieux en termes d'amour, de soutien et d'équilibre.

L'autre Mamie est donc votre alliée, une sorte d'autre vous-même, et si jamais vous vouliez déterrer la hache de guerre pour des raisons stupides, dépêchez-vous de la réenterrer à tout jamais.

Témoignage de Mamie Framboise

« À la naissance de Léopold, Mamounette, son autre grand-mère, a fait livrer une gerbe de fleurs gigantesque. Les fleurs sont interdites dans les chambres, mais les infirmières ont fait une exception tant elles étaient superbes. Je me suis sentie minable avec la belle boîte de chocolats dont ma fille avait rêvé pendant toute sa grossesse mais il n'y a rien à faire, elle est comme ça, l'autre grand-mère : elle en fait toujours plus que les autres.

Autant dire que cela m'a énervée. Pourtant, je m'y attendais parce que, déjà, au mariage des enfants, elle avait voulu que tout soit somptueux, bien trop cher pour moi et j'avais dû batailler. Au premier anniversaire du petit, elle est arrivée les bras chargés de cadeaux insensés achetés à Londres dont elle revenait, et là encore, ça m'a énervée, mais en la regardant les déballer avec tant de plaisir et d'excitation, je me suis dit qu'elle avait peut-être souffert d'un manque affectif quand elle était petite et que, grâce à ses moyens beaucoup plus importants que les miens, elle pouvait se permettre de compenser en gâtant exagérément son petit-fils. Au fond, cela n'était pas très grave du moment qu'elle ne le pourrissait pas et cela valait mieux qu'une grand-mère indifférente. J'ai donc choisi d'en sourire et mes relations avec elle sont devenues excellentes. Je me demande juste ce qu'elle lui offrira pour ses 20 ans… Une Ferrari ? Une maison à Saint-Tropez ? Des études à Harvard ? Nous verrons bien. »

Qu'en pense Yvonne Poncet-Bonissol ?

Gommer les rivalités

Il n'est pas rare que deux grands-mères s'affrontent face à leurs petits-enfants, surtout quand les valeurs familiales diffèrent. Ce qui se trame alors entre ces deux femmes est bien souvent une rivalité inconsciente auprès du petit-enfant commun. Inutile de faire de la surenchère ; chacune doit savoir exprimer et valoriser sa différence, ce qui ne fait qu'enrichir l'autonomie de l'enfant. La « concordance » reste cependant l'attitude idéale aussi bien pour l'harmonie des réunions familiales que pour l'équilibre de l'enfant qui ne devrait avoir de ses deux grands-mères qu'une vision de douceur et de bienveillance.

L'attitude la plus raisonnable est de créer ensemble des ponts de solidarité, tels que des fêtes, des sorties, des vacances, afin de gommer les rivalités qui, si elles sont apparentes, vont emprisonner l'enfant dans un conflit de loyauté.

SCÈNE 4
Mamie chagrins

Depuis le début, ce livre vous dorlote et vous fait barboter dans l'atmosphère ouatée des premiers moments de la vie d'un enfant au sein d'une famille heureuse, et vous n'imaginez pas un instant que quoi que ce soit vienne perturber cette douce harmonie. Pourtant, il faut être lucide car le monde actuel n'est pas tous les jours celui de Oui-Oui (mais si, vous savez qui est Oui-Oui...), et des événements vont malheureusement peut-être venir le perturber. Alors tenez-vous sur vos gardes si jamais cela venait à arriver.

LA MALADIE

Commençons par le pire, puisqu'il s'agit de la santé de votre petit-fils ou de votre petite-fille, ainsi tout ce qui suivra vous paraîtra presque anodin. Oui, il peut arriver qu'un enfant soit malade, voire gravement malade et c'est comme si un tas de cendres et de pierres vous tombait sur la tête. Face à la maladie, le seul vrai recours est de faire une confiance totale à ceux qui le soignent en s'assurant que l'enfant est entre les meilleures mains possibles. N'hésitez pas à faire appel à vos connaissances pour une recommandation, un conseil ou un appui. Je ne dis pas qu'une équipe médicale, quelle qu'elle soit, ne fera pas parfaitement son travail, mais c'est bien connu : le moindre petit « piston » peut encore améliorer les choses.

Au chevet de l'enfant malade, pas question de laisser transparaître votre angoisse. Même si c'est dur, gardez votre beau sourire, parlez-lui normalement et ne lui dites pas « mon pauvre petit amour » en lui caressant le front avec un air désemparé. Non, au contraire, parlez de tout ce que vous ferez ensemble dès qu'il ira mieux, de ses petits copains, de ses jouets, du bon gâteau qui l'attendra à son retour, mais attention ! ne faites pas non plus de promesses déraisonnées car il s'en souviendra lorsqu'il sera guéri et là, vous serez bien embarrassée !

Rendez-vous disponible aussi souvent que possible pour aller le voir, lui apporter des petits cadeaux et lui faire plein de câlins. En restant toujours extrêmement positive, vous lui insufflez votre énergie et c'est ce dont il a le plus besoin pour reprendre des forces. Faites-vous jolie, sentez bon, riez avec lui, faites des bêtises, bref, apportez de la joie dans sa petite chambre.

Les parents sont eux aussi très angoissés, peut-être même dévastés par l'irruption de la maladie. N'en rajoutez pas. Avec eux également, soyez positive et tentez de les distraire en leur offrant un petit dîner au restaurant ou des places pour un spectacle. Cela peut paraître dérisoire, mais ce seront quelques heures de détente qui leur feront du bien malgré tout.

Quant à vous, pauvre Mamie, tenez bon, parce que, je vous l'ai dit, vous êtes le pilier de la famille et qu'il vous faut faire preuve de courage et d'espoir pour mieux les transmettre. Alors, même si vous passez des nuits blanches et que vous pleurez toutes les larmes de votre corps, mettez-vous bien dans la tête que la guérison de votre tout-petit est au bout du chemin.

Si par malheur il s'avère que la maladie n'est pas guérissable et que toute sa vie l'enfant en souffrira, ce qui est notamment le cas avec les dysfonctionnements psychomoteurs, respiratoires et cardiaques, c'est toute votre vie et celle de ses parents qui devront être repensées et structurées en fonction du petit malade. L'amour et le dévouement que vous mobiliserez pour son mieux-être rendront plus doux votre chagrin.

ILS NE S'AIMENT PLUS

Cela vous est peut-être arrivé et, aujourd'hui, c'est à eux que cela arrive : le délicieux couple qu'ils formaient au-dessus du berceau ne peut plus se supporter. De crises en scènes, de claquages de portes en bouclages de valises, ils ont décidé de se séparer et vous l'annoncent avec tous les ménagements dus à une personne de la génération qui sacralisait le mariage et attendait l'extrême limite de la tolérance conjugale pour divorcer. Eux, non. Plus question pour deux personnes qui ont tout l'avenir devant eux de subir une situation devenue insupportable. La maison achetée il y a deux ans ? En vente. Les meubles et la cuisine flambant neufs ? Bazardés sur le Bon coin. Le chien, le chat, le serin ? Chacun prend le sien.

ET L'ENFANT ? GARDE ALTERNÉE

Alors, évidemment, vous, la grand-mère, vous vous effondrez en pensant à votre petit-enfant, fruit de leurs amours qui va devoir mûrir sous deux soleils, dans deux foyers, blotti entre quatre bras qui ne le serreront plus jamais ensemble. Il avait l'air si heureux entre son papa et sa maman, quel gâchis !

Soyez raisonnable, chère Mamie débutante, ce n'est pas la fin du monde, et si la séparation se passe convenablement entre gens intelligents, il retrouvera ses marques assez rapidement, heureux de retrouver l'un tout en se languissant de l'autre. Pas folle la guêpe, il aura tôt fait de se réjouir de ses deux Noël, de ses deux anniversaires, de ses deux vacances et d'avoir deux chambres pleines de jouets différents.

Mais vous, dans tout ça ? Eh bien, vous, il va aussi falloir vous adapter, mais sur le mode « tais-toi et encaisse » car, pour le coup, la gestion du temps libre de l'enfant va être encore plus compliquée et il ne vous restera que les miettes des heures ou des jours de garde de chacun des parents. Seules les longues vacances d'été vous offriront, après Papa, Maman et l'autre grand-mère, la semaine de rêve dont vous allez savourer chaque seconde, depuis son réveil jusqu'à l'heure aussi tardive que possible du Marchand de sable. Plus tard, lorsqu'il aura grandi et que vous aurez su prendre dans sa vie une place essentielle, c'est votre petite-fille ou votre petit-fils qui réclamera votre présence et exigera de ses parents qu'ils l'accompagnent chez Mamie où tout est bon, douillet et permis !

➔ Qu'en dit Yvonne Poncet-Bonissol ?

Lors de séparations ou de conflits conjugaux, les grands-parents jouent un rôle prépondérant : celui de refuge pour l'enfant. Il sera ainsi, auprès d'eux, à l'abri des tensions, ce qui permettra ultérieurement à ses parents de maintenir plus facilement un lien de coparentalité.

Évidemment, la grand-mère ne doit pas prendre part au conflit et doit contrôler ses ressentiments envers l'une ou l'autre des parties en cause. Elle peut tout au plus avoir une fonction de médiatrice, et plutôt que d'attiser les tensions, il est préférable qu'elle soit une oreille attentive non seulement pour les deux parents mais aussi pour l'enfant dont l'inquiétude ou la peine s'exprimera plus spontanément auprès d'elle. Mieux que quiconque, elle saura dédramatiser la situation et rassurer le petit garçon ou la petite fille sur son devenir entre deux foyers ou entre deux parents hostiles.

L'ÉDUCATION MONOPARENTALE

Il se peut que votre fille (plus rarement votre fils) ait décidé de « faire un bébé toute seule ». Alors là, vous n'avez pas fini de vous ronger les sangs ! Elle travaille comme une forcenée, n'a pas un gros salaire, n'a plus de vie affective ni sociale, a fait de son enfant le seul et unique centre d'intérêt de son existence et ne supporte absolument pas que qui que ce soit se mêle de sa façon de l'élever. Et surtout pas vous ! Pas facile dans ces conditions de tenter de l'aider d'une quelconque façon, sauf peut-être en veillant d'aussi loin que possible à ce qu'elle ne manque de rien et qu'elle soit en bonne santé. Espérons pour vous qu'il ne s'agira que d'une phase critique pouvant s'améliorer lorsque son bébé-albatros s'envolera vers l'entrée à l'école. Patience. Sinon, priez très fort pour qu'elle rencontre un type formidable déjà pourvu d'une petite famille, et que du carcan monoparental elle passe sans transition à la nichée recomposée.

LES MÉFAITS DE LA MONDIALISATION

Celle-là, vous ne l'avez pas vu venir. Oui, vous savez que beaucoup de jeunes partent vivre à l'étranger où, paraît-il, tout est mieux qu'ici, mais de là à penser que la mondialisation allait s'abattre sur votre petite vie peinarde, ça, vous n'y aviez même pas songé. Pourtant, un dimanche, autour de la table, entre le gigot-haricots verts et la tarte Tatin, elle vous est tombée dessus.

– Au fait, Maman, on voulait t'annoncer une nouvelle...

– Chic, vous attendez un deuxième enfant ?

– Non pas du tout. Il se trouve que ma boîte (ou celle de l'autre) ouvre des bureaux à Shanghai et qu'il y a une très grosse promotion pour ceux qui acceptent d'y partir.

La bouchée de gigot ne passe soudainement plus.

– Ah oui, et alors ?

– Alors nous allons nous y installer, Maman.

– Tous les trois ?

– Oui évidemment tous les trois !

– Quand ?

– Nous partons dans deux mois.

– Mais non, ce n'est pas possible !

– Si, Maman, c'est mieux pour nous et ce n'est l'affaire que de deux ou trois ans.

Deux ou trois ans : une éternité ! Deux ou trois ans sans voir grandir le petit-enfant, sans humer son odeur lorsqu'il dort, sans caresser la peau si douce sur ses épaules duveteuses, sans l'écouter vivre, sans l'entendre chuchoter ses secrets au creux de votre oreille. Deux ou trois ans de vide absolu, d'attente et de chagrin...

– Mais tu viendras nous voir, hein, Maman ? À Noël, aux grandes vacances, quand tu voudras, tu seras toujours la bienvenue, d'autant plus que là-bas nous aurons un grand appartement avec une chambre pour toi...

« Bien sûr… ça, c'est une bonne idée ! Quand je voudrai, j'irai à Shanghai, et pourquoi pas tous les week-ends pendant qu'on y est ? En réalité, ils se fichent pas mal de moi et organisent leur petite existence sans tenir compte le moins du monde de ce que je peux éprouver. Je les déteste. Mériteraient que je meure toute seule dans mon coin pendant qu'ils entasseront les yuan sur leur compte bancaire ! »

➔ Témoignage de Gri-Gritte

« Lorsque j'ai appris que mon fils Philippe partait comme chef cuisinier dans un restaurant français de Tokyo, j'ai d'abord cru qu'il y allait seul et cela m'a fait un peu de peine mais j'étais sincèrement heureuse pour lui. J'ai vite compris qu'en fait, il y allait avec Hortense, ma belle-fille, et Blanche-Fleur, ma petite-fille, et alors là j'ai complètement paniqué comme si tout s'effondrait dans ma vie.

Une fois le choc encaissé, et je passe sur le jour du départ où j'ai pleuré toutes les larmes de mon corps, j'ai décidé de m'organiser pour souffrir le moins possible de son absence. D'abord, les enfants m'ont appris à me servir de Skype. Cela m'a permis de voir ma petite-fille toutes les semaines, de papoter avec elle et de mesurer ses progrès. C'était mieux que rien ! Ensuite, j'ai décidé d'aller là-bas deux fois par an. Pour Noël et pour les grandes vacances si eux ne venaient pas. J'ai ouvert un compte spécial et, à force d'économies sur des tas de petites choses finalement inutiles, j'ai réussi d'année en année à mettre de côté l'argent nécessaire pour mes billets d'avion. Il y avait le déchirement des séparations à chacun de mes retours, mais aussitôt commençait l'attente du prochain voyage et cela m'aidait énormément. Enfin, comme la situation semblait devoir durer très longtemps, je me suis mise au japonais pour épater mes enfants, mais surtout ma Blanche-Fleur qui était devenue bilingue. Je ne dis pas que cet éloignement est idéal, ça non, mais il est devenu supportable et je me console en me disant que leur vie là-bas est formidable, qu'ils sont très heureux et qu'ils envisagent sérieusement un second bébé cette année. C'est sûr, j'irai pour la naissance ! »

Témoignage de Mimi Rose, la Madone du Thalys !

« Voilà plus de cinq années que ma fille, après son mariage avec un sujet de Sa Gracieuse Majesté installé à Bruxelles, tentait de donner un héritier audit sujet, projet que Dame Nature, capricieuse parfois, repoussait de lune en lune. Une foi profonde les animant tous deux et la science ayant fait des progrès gigantesques, ma fille m'appela un jour pour me demander de l'accompagner à la clinique, car son époux était en déplacement outre-Manche. Je pris donc, pour la première fois, mon billet de Thalys Paris-Bruxelles et retour, et m'attendais à recueillir une fois de plus son chagrin et sa déception. Je l'accompagnais donc à cet examen médical, qui en fait consistait, ni plus ni moins, à lui implanter un embryon ! Je lui ai tenu la main pendant que son médecin, une dame aux cheveux blancs, déposait au plus profond de mon enfant à moi cette petite vie, qu'elle encouragea à s'accrocher et à être forte ! Je voyais absolument tout le processus sur l'écran monitoral qui surplombait le lit de ma fille et n'en croyais pas mes yeux, un cercle magique était en train de se former, ma fille, moi et ce si bel espoir de maternité... Le tout sous les yeux humides et bienveillants du médecin. Émotion forte, pensez-vous ? Un gigantesque coup de foudre plutôt, le plus beau jour de ma vie, je n'ai rien vécu d'aussi profond et d'aussi significatif.

Presque 9 mois plus tard naissait ma merveilleuse petite fille Fay Rose, et le cercle était vraiment parfait cette fois... Cependant, je ressentis une douleur charnelle lorsque je la vis la première fois et la même souffrance chaque fois que je la quittais. Il était évident que Bruxelles allait devenir incontournable et que le Thalys serait mon meilleur allié. Je débutais en tant que grand-mère, et l'attachement hors du commun de ma fille pour la sienne ne facilitait pas mon apprentissage ! Je voulais la prendre dans mes bras et la dorloter comme ma fille, mon enfant, ma possession, ma chair, la prolongation de mon enfant, mais halte là, la mise en garde a été rude : *« C'EST MA FILLE MAMAN, c'est moi qui décide pour elle ! »*

Mon caractère, pourtant bien trempé et autoritaire en a pris pour son grade, il devenait évident que je n'avais pas la main et que, pour atteindre le Graal de l'amour de ma poupée, il fallait que j'accepte les diktats, les humeurs, les fantaisies et les méthodes éducatives de ma fille qui avait dévalisé les librairies rayon « Comment élever son enfant ». Croyez bien que Laurence Pernoud n'avait plus rien à voir dans l'histoire, larguée, la Laurence ! Et moi avec !

J'ai lutté par principe au début, mais très vite j'ai rendu les armes, un coup de foudre de la sorte mérite absolument tous les compromis, voire les compromissions ! Lorsque ma fille m'appelait sur Skype pour me montrer ma merveille, je bondissais au son de l'appel et arrêtais séance tenante toute autre occupation, seul le petit sourire dont elle allait me faire grâce comptait, la voir téter sa maman, sa jolie petite main posée victorieusement sur le sein de ma fille me comblait d'aise. Mais Skype ne remplace pas l'odeur du cou de la princesse, aussi dès que possible, ma valise à roulettes dans une main, je prends d'assaut le RER et ses escaliers, la gare du Nord, le quai du Thalys et je vais à mon rendez-vous amoureux, chaque fois le cœur battant, chaque fois le souci de lui apparaître bien habillée, chaque fois l'immense espoir qu'elle aura un peu grandi et me sourira ! 1 h 20 dans ce wagon et ce sont des espoirs fous qui remplissent le temps ! Elle va me reconnaître, peut-être même m'appeler ! Je l'imagine dans mes bras… et j'arrive, la petite fée m'attend chez sa maman, de mois en mois, elle est plus réactive… Plus le temps passe, plus le lien se renforce, plus le trajet en Thalys me paraît délicieux, car le bébé rose devient de jour en jour une petite fille délicate, intelligente, elle parle d'une façon remarquable dans les deux langues de ses parents, elle adore lire, possède son univers bien à elle de fantastiques personnages, son imagination a pris le pouvoir de façon joyeuse et l'absence de télévision dans son foyer ne fait que renforcer sa soif d'aller au-devant d'histoires nouvelles, de loisirs créatifs, de déguisements nouveaux qui la transforment tour à tour en princesse, en danseuse espagnole, en mariée magnifique.

Ma valise à roulettes contient toujours des cadeaux que

j'achète au fur et à mesure de mes sorties, de mes voyages, de mes week-ends, juste un moyen de lui dire chaque fois que je pense à elle à ce moment précis, qu'elle fait partie de ma vie à plein-temps, que je ne peux vivre avec elle, mais qu'elle est toujours à mes côtés. Elle m'a baptisée sa Mimi Rose, j'adore entendre sa petite voix m'appeler ainsi ! Je dors au-dessus de sa chambre, dans un dernier étage difficilement accessible par un escalier très raide et sans rampe ; son jeu favori consiste à venir me réveiller vers 6 h 25, à se glisser sans bruit dans mon lit et me réveiller doucement en disant : *C'est moi, Mimi, tu me racontes une histoire de perroquet, s'il te plaît ?* Et, le cerveau embrumé, les yeux plein de sommeil, j'attaque pour la vingt-septième fois l'histoire réinventée du perroquet né avec des plumes blanches dont on se moque et qu'une classe entière et une boîte de gouaches plus tard transforment en oiseau de paradis.

Ma petite chante et danse comme personne, elle a une grâce féminine innée qui m'épate et me séduit, ses boucles blondes tournoient autour de sa tête et son sourire est délicieux. Récompense ultime, quand j'ai eu la chance de pouvoir emmener ma princesse au cinéma ! La félicité pour moi, lorsque ma petite tête blonde se lova contre moi lorsque le noir se fit, et que je lui ai murmuré alors à l'oreille : *Ma chérie, tu ne sais pas à quel point je suis heureuse d'être ici avec toi aujourd'hui !* Elle m'a regardée droit dans les yeux et m'a dit : *Mimi, je crois que je le sais, c'est pareil pour moi !* Les larmes de joie ont perlé, mais dans le noir on ne voit pas tout… et le soir même, j'ai repris mon train et j'étais la plus heureuse de toutes les Mimi de la Terre et de tous les Thalys réunis ! »

SCÈNE 5
Déjà l'école ! Sortons les mouchoirs

L'école : un futur qui va arriver tellement vite ! Vous aurez à peine eu le temps de déguster chaque millimètre de ses fossettes et de ses bras potelés que déjà votre petit bonhomme ou votre petite bonne femme entrera à l'école maternelle...

Sauf s'il était déjà à la crèche, donc accoutumé à la cohabitation, aux directives et à la séparation, le petit enfant ne sait absolument pas à quoi s'attendre bien que certaines écoles procèdent maintenant par étapes en accueillant les petits un jour ou deux par semaine en classes de préparation.

Il n'empêche que le choc va être rude lorsqu'il verra ses parents bouleversés affichant un sourire – ô combien forcé – disparaître derrière une grille, le laissant au milieu d'autres enfants aussi désemparés, en pleurs ou en crises de désespoir aiguës. Il faut dire que c'est une sacrée épreuve, dont vous-même vous souvenez sûrement encore, qui ressemble au premier envol d'un petit oiseau piaillant de terreur. Je vous entends déjà dire que de votre temps « ce n'était pas pareil, qu'il est encore bien trop petit et que c'est inhumain de séparer un enfant de ses parents à 2 ans et demi à peine ». Bon, ok, mais vous n'y pouvez rien, alors quittez votre air contrit et adoptez la positive attitude d'une grand-mère débutante, certes, mais qui en a vu d'autres !

D'abord, ne lui serinez pas à tout bout de champ qu'il doit être drôlement content d'aller à l'école, d'avoir plein de nouveaux copains, une gentille maîtresse, et patati et patata. Lui, ce qu'il aime, c'est ce qu'il connaît déjà et l'idée de la nouveauté le déstabilise, voire lui fait peur. Pour le préparer en toute sérénité, je vous conseille plutôt de « jouer à l'école » avec lui, pour de vrai.

Jouer à l'école

Commencez par lui expliquer à quoi ça sert, ce dont il n'a aucune idée :

« Comme toi, tous les enfants vont à l'école. L'école, ça sert à faire des jeux que tu ne connais pas encore pour apprendre à devenir grand, comme Papa et Maman, grâce à quoi, plus tard, tu pourras aller travailler, ce qui sert à acheter une maison, une voiture, des robes, des jouets pour ses enfants et tout ce dont on a besoin pour manger. La maîtresse est une femme qui aime énormément les enfants et fait tout ce qu'elle peut pour qu'ils se sentent bien, s'amusent, apprennent à lire et à compter. Comme il y a beaucoup d'enfants dans sa classe, parfois elle est obligée de gronder pour que tout le monde reste sage mais il suffit de lui obéir pour qu'elle redevienne très gentille. »

Puis installez-le à une petite table devant un jeu qu'il ne connaît pas encore et faites la maîtresse, tout sourire, pour lui expliquer comment l'utiliser. Inventez même un second élève auquel vous vous adresserez également. Très vite, il sera absorbé par son jeu, surtout si, comme par hasard, le copain fictif joue moins bien que lui ! Mimez aussi l'heure de la sieste, du goûter, des petites mains à laver et des retrouvailles avec sa famille afin qu'il se fasse une idée aussi rassurante que possible du déroulement de sa première journée.

Enfin, n'oubliez surtout pas l'emblématique cartable que vous serez allés choisir ensemble avec, à l'intérieur, un petit livre tout neuf, des crayons de coloriage et son doudou.

Si vous faites bien votre job, vous pouvez espérer que son entrée en maternelle se déroulera sans trop de larmes, sinon les vôtres, tellement émue de le voir entrer dans le monde des grands.

SCÈNE 6
Le délicat partage de l'amour

Jusque-là, tout allait bien pour ce petit-enfant unique, adoré, choyé et centre absolu du monde. Il vous savait à ses petits soins et lorsque vous lui chuchotiez dans le creux de l'oreille que vous l'aimiez plus que tout, il vous croyait, évidemment. Mais voilà que les choses se gâtent car un nouveau bébé est annoncé dans la famille.

Frère, sœur, cousin, cousine, quel est cet intrus qui soudain va assombrir son ciel tellement limpide et détourner sans prévenir votre attention jusqu'alors exclusive ? Il semblerait que les très jeunes enfants ne connaissent pas encore le sentiment de jalousie tel que le ressentent les grands, pourtant, si ce n'est pas de la jalousie, ça lui ressemble drôlement et vous allez devoir marcher sur des œufs pour que ses petits boyaux vierges de toute contrariété ne se tordent pas lorsque vos baisers, vos trémolos et votre attendrissement s'adresseront à « l'autre », son pire ennemi immédiat ! Méfiez-vous, car cela peut être une véritable souffrance qui se manifestera de différentes manières. Silence pour certains mais vengeances sur le nouveau venu (pincements, morsures, ignorance, jouets subtilisés, refus de l'embrasser) ou sur vous (colères, caprices, rejet, pipi au lit, vomissements, maux de ventre), tandis que pour d'autres, cette souffrance largement exprimée vous sera jetée à la figure avec des « je ne t'aime plus » ou « tu ne m'aimes plus », le refus de vous voir, de vous parler, ou au contraire des élans d'amour excessifs censés tellement vous accaparer qu'ils vous détourneront du ou de la rivale.

Tout le monde sait que votre cœur de mamie est assez grand pour les aimer tous les deux, sauf lui, et vous aurez beau lui répéter cent fois, mille fois qu'il ou qu'elle restera votre amour chéri adoré, dites-vous bien qu'il n'en croira plus un mot lorsqu'il vous verra regarder « la chose » avec émerveillement en lui murmurant des petits mots doux jusqu'alors réservés à lui ou à elle seul(e).

L'heure est grave pour l'enfant qui se sent menacé de désamour devant votre trahison, elle l'est aussi pour vous car vous n'avez pas droit à l'erreur au risque de descendre de votre piédestal pour un certain temps.

Plutôt que de longs discours et de mots compliqués qu'il ne comprendrait pas ou pourrait mal interpréter, voici ce que je vous conseille : prenez une feuille de papier, des ciseaux et des crayons de couleur. Dessinez un grand cœur, dites-lui que c'est le vôtre. Partagez-le en quatre parties. Dans la première partie, collez une photo de son papy, dans la deuxième, collez une photo de sa maman et de son papa, dans la troisième, collez sa photo et dans la quatrième une photo du nouveau bébé. Maintenant, expliquez-lui que dans votre cœur comme tous les cœurs de mamie, il y a plusieurs places pour contenir et aimer les personnes les plus importantes de sa vie : son mari, ses enfants et ses deux petits-enfants. Si les petits-enfants se multiplient ensuite, il sera en âge de comprendre et vos explications ne seront plus nécessaires. Jusque-là, il visualise à peu près la situation mais cela ne le rassure pas complètement, alors revenez sur les deux places des petits-enfants et mimez avec lui les gestes clés qui le lient déjà à vous mais qu'il lui faut désormais partager : un vrai baiser sur sa joue, un petit baiser sur la photo du nouveau bébé, un guili-guili sur lui, un guili-guili sur la photo, une histoire pour lui, une histoire pour l'autre, et ainsi de suite pour tous les petits gestes quotidiens de tendresse au gré de votre imagination. Découpez ce cœur et offrez-lui afin qu'il le mette bien en vue dans sa chambre et, enfin, sortez de leur cachette deux petits cadeaux : l'un pour lui (le plus gros) et l'autre pour le bébé afin qu'il le lui offre de votre part et de la sienne. À partir de là, les choses devraient être plus claires pour lui.

Mais vous pouvez commettre quelques erreurs, alors retenez bien ceci :

- Ne lui dites pas qu'il a de la chance d'avoir un petit frère, une petite sœur ou une cousine pour jouer avec. Rien n'est pire pour lui que d'imaginer qu'il va devoir prêter ses jouets à quelqu'un qui déjà lui pique sa place !
- Ne lui dites pas que « l'autre » partagera l'univers chéri de sa chambre et que, comme il est le plus grand, c'est lui qui dormira dans le lit du haut, car lui, ce qu'il veut, c'est évidemment le lit du bas (ou *vice versa*).
- N'en faites pas des tonnes devant lui à propos de l'autre bébé, car même s'il fait semblant de jouer à vos pieds, il n'en perd pas une miette et cela le rend furieux. Pas étonnant que quelques minutes plus tard, il

fasse pipi dans sa culotte ou trace un beau dessin au feutre sur le mur.

- Ne le sacrifiez jamais au profit de l'autre. Par exemple : vous aviez projeté ensemble une sortie, un goûter, une séance DVD, mais on vous demande de garder le nouveau bébé et vous remettez le projet à plus tard. Cette haute trahison peut vous coûter cher en termes de confiance et, franchement, ça se comprend.
- Si c'est son anniversaire, n'offrez surtout pas un second cadeau pour le petit frère ou la petite sœur « pour ne pas faire de jaloux ». Cette journée est la sienne exclusivement et il retrouve son statut d'enfant-roi. Ne lui gâchez pas la fête par cette maladresse.

Vous voilà armée pour affronter ce petit passage délicat qu'il ne faut cependant pas dramatiser, car bientôt les deux petits loups s'adoreront en toute complicité. Si jamais ce n'était pas le cas et que vous constatiez une dégradation de son caractère et de son comportement, il conviendrait sans attendre de consulter un pédopsychiatre qui remettrait les pendules à l'heure.

Et puis, vous, sa Mamie chérie, réservez de temps en temps à votre premier petit-fils ou votre première petite-fille une journée et une nuit chez vous rien qu'à lui ou elle avec ses menus et ses jeux préférés, son bain débordant de mousse, son petit déjeuner au lit avec vous et tout ce qui, avant, le confondait de bonheur. Ce privilège de l'aîné lui fera autant plaisir qu'à vous, pas vrai ?

Conclusion

PRENEZ LA ROUTE FLEURIE QUI CONDUIT VERS LE BONHEUR…

Vos bagages sont prêts. Vous y avez glissé, au cours de ces premières années, suffisamment de trésors pour être à l'abri du besoin tout au long du chemin qu'il vous reste à parcourir. De la première heure de sa venue au monde jusqu'à aujourd'hui, chaque instant passé près de votre petit-enfant a fait grandir en vous la certitude que le véritable bonheur de la vie était d'être mère d'abord, puis grand-mère et peut-être, qui sait, arrière-grand-mère, mais ne précipitons pas les événements ! Il est vrai qu'à partir de la cinquantaine, sauf pour les plus vernies d'entre nous, il faut plus souvent renoncer que bâtir. Or là, tout d'un coup, les projets d'avenir fourmillent, les enthousiasmes s'amoncellent et les joies déferlent grâce à ce petit bout de chou qui grandit, découvre et progresse sous votre regard attendri.

Faites en sorte qu'il trouve auprès de sa Mamie adorée le réconfort, la protection et la tendresse inconditionnelles dont il aura besoin lorsqu'il apprendra que le monde peut être difficile et injuste. L'école, les copains, les amoureuses et parfois même les parents lui feront subir ses premières désillusions et ses premiers affrontements. Mais vous serez là, gardienne attentive de sa joie de vivre, pour apaiser ses angoisses et le replonger dans l'enfance délicieuse et insouciante qu'il a connue auprès de vous.

Alors, bon voyage au pays des mamies, là où le temps passe trop vite, où les cheveux blanchissent et les mains se froissent, mais où le cœur ne désemplit pas d'amour et de générosité.

Maintenant je peux vous l'avouer : je vous envie drôlement de tout découvrir, car mon petit-fils à moi grandit à vue d'œil et chausse déjà du 43... ce qui ne nous empêche pas de nous aimer très fort et de piquer de sacrés fous rires ensemble !

Les sites à consulter si vous êtes en panne d'idées ou si vous avez besoin de conseils

→ Le site qui sauve !

Si toutes ces idées de jeux et de divertissements ne vous suffisent pas, je vous recommande un site internet formidable qui, de ville en ville, âge par âge et selon la météo, vous indique les activités du moment à pratiquer avec votre petite-fille ou votre petit-fils.

C'est une véritable mine d'or !

www.lepetitmoutard.fr

ÉCOLE DES GRANDS-PARENTS EUROPÉENS – AGPE
www.allo-grandsparents.fr

L'EGPE a été créée en 1998 pour favoriser et renforcer les liens intergénérationnels et répondre aux grands-parents qui s'interrogent sur leur rôle, leur place dans la famille et la société. Chaque trimestre, une lettre d'information est publiée pour proposer des thèmes de réflexion et des activités communes grands-parents/petits-enfants. Un pôle juridique est à la disposition des grands-parents en cas de difficultés familiales.

EDUCATOUT
www.educatout.com

Manuel en ligne à l'usage des grands-parents qui prennent leur rôle à cœur avec des milliers d'idées d'activités et jeux éducatifs « pour les poupons et les trottineurs », avec fiches imprimables, formations et ressources pédagogiques.

CITIZENKID

www.citizen.com

Dédié aux sorties en famille. Il vous suffit de choisir la ville, d'indiquer l'âge de l'enfant et le type de loisir.

ALLOFAMILLE

www.allofamille.fr

Sorties enfants, films pour enfants, loisirs créatifs.

ATELIER GÉNÉALOGIQUE FRANÇAIS

www.agenfra.fr

Si vous souhaitez faire établir l'arbre généalogique de votre famille à transmettre aux générations futures.

OFFREZ UNE ÉTOILE !

www.offrez-une-etoile.com

Enfin, si vous avez épuisé toutes les idées de cadeaux de naissance originaux, ou que vous êtes aussi dingo que moi (oui, je l'ai fait), achetez une étoile dans le ciel baptisée du nom de votre petit-fils ou de votre petite-fille. Certificat d'authentification à l'appui.

Quelques pages pour commencer votre « Mamie journal »

Ma p'tite famille !

La collection de guides qui a l'esprit de famille

200 activités à faire avec vos enfants
Sandra Heuter
Des idées originales pour toute l'année !

L'alimentation de mon enfant
Martine Walker
Éduquer mon enfant au plaisir de manger et le protéger du surpoids !

Allaitement : le guide pratique
Marjolaine Solaro

Tout les conseils pour un allaitement maternel réussi !

Bien manger en attendant bébé
Katrin Acou-Bouaziz

Un bébé en pleine forme sans prendre trop de poids !

Bientôt maman
Olivia Toja

Le compagnon indispensable de votre grossesse !

Le dico des petits et gros bobos
Marjolaine Solaro

Prévenir et guérir les maux de vos enfants !

Grands-parents débutants
Caroline Cotinaud

Adoptez la Papy zé Mamy attitude !

Ma famille recomposée
Bénédicte Magdeleine Vincent

Le guide de la famille en pièces détachées !

Ma p'tite famille !

Ma grossesse en 300 questions / réponses
Marjolaine Solaro
Des experts répondent à toutes vos interrogations !

Ma gym spéciale grossesse
Brigitte Parnet Evain
Pour être au top de votre forme pendant 9 mois... et après !

Maman débutante
Olivia Toja
L'essentiel pour bien s'occuper de bébé !

Maman organisée
Emmanuelle Hamet
Toutes les astuces pour devenir la plus sereine des mamans !

Maman sereine
Caroline Lambert
Mère et femme : les clés pour trouver votre équilibre

Maman travaille
Marlène Schiappa
Le 1er guide des mères actives !

Mon mariage
Peggy Mignot-Paillet
Organisez votre mariage entre restant zen et détendu(e) !

Papa débutant
Lionel Paillès
Le guide que tous les jeunes pères attendaient !

9,95 € / 13 x 19 cm / Illustrés par Nathalie Jomard

Ma p'tite famille !

Le plus joli des prénoms
Sonia Julaud

Et vous, comment allez-vous l'appeler ?

La préparation à l'accouchement
Benoît Le Goëdec

Toutes les méthodes pour accueillir bébé en douceur !

Se faire obéir tout en douceur
Vanessa Saab

Trouvez la juste autorité pour vos enfants du plus jeune âge à l'adolescence !

Un massage pour mon bébé
Nadia Ivanova

Tous les bienfaits des massages expliqués pas à pas !

9,95 € / 13 x 19 cm / Illustrés par Nathalie Jomard

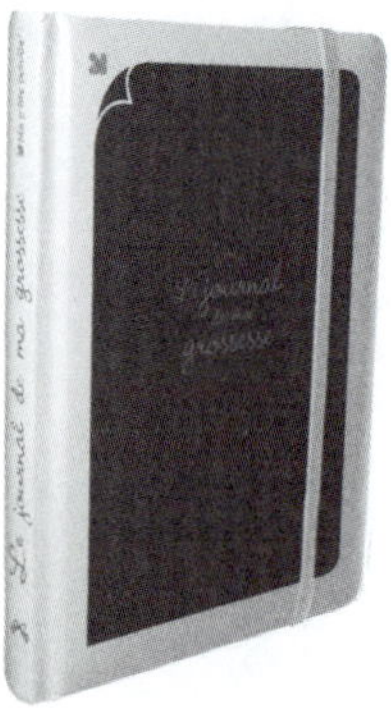

Le journal de ma grossesse
Olivia Toja

Un carnet pour tout comprendre et ne rien oublier de ces 9 mois.

12,95 €

Le p'tit journal de mon bébé
Olivia Toja

Un carnet tout doux à remplir pour ne rien oublier de sa première année.

12,95 €

Ma p'tite famille !

Parents débutants : le coffret
Olivia Toja et Lionel Paillès

Un coffret réunissant *Papa débutant* et *Maman débutante,* pour des jeunes parents dé-com-ple-xés !

19,80 €

Cahier d'exercices pour Papa débutant
Lionel Paillès, illustré par Nathalie Jomard

Tout pour affronter la paternité avec humour !

5,95 €

Mon p'tit coffret de naissance
Olivia Toja

Le coffret cadeau idéal pour l'arrivée de bébé

19,95 €

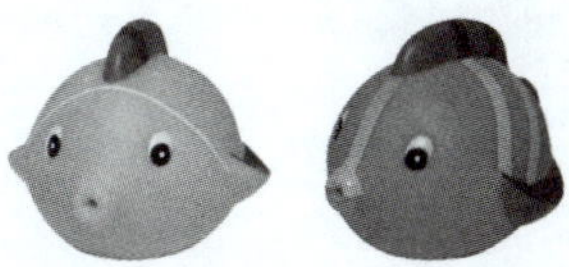

Ma p'tite famille !

6,95 €

120 astuces
pour calmer les pleurs de bébé
Roxane Fontaine

Une véritable boîte à idées pour apaiser votre enfant… et votre cocon familial !

6,95 €

120 astuces
pour se simplifier la vie de parents
Roxane Fontaine

Une véritable boîte à idées pour ne pas se laisser déborder par le quotidien !

6,95 €

120 astuces
pour une grossesse sereine
Marjolaine Solaro

Une véritable boîte à idées pour neuf mois totalement zen !

6,95 €

120 astuces
pour occuper les enfants en voyage
Lionel Paillès

Une véritable boîte à idées pour divertir vos enfants tout au long du trajet !